JN096728

# SNE ジャーナル

第 27 巻第 1 号　2021.10

## 特　集：特別ニーズ教育と比較教育学の地平

**図書紹介**

SNE ジャーナル, 27(1), 2021, 1-8

**特集にあたって**

# 特別ニーズ教育と比較教育学の地平

## 加瀬 進

（東京学芸大学教育学部）

## I．課題研究の趣旨

　2021年度日本特別ニーズ教育学会では、比較教育学・外国研究にフォーカスした課題研究を設定して標記テーマに関する公開研究会（中間報告）を開催し（2021年4月18日（日）10：00 ～ 12：00、オンライン）、その第一報を届けさせていただいた。その上で2021年度第27回研究大会（日本福祉大学・オンライン）におけるディスカッションを視野に入れながら、ドイツ（窪島論文）・カンボジア（間々田論文）・アメリカ（千賀論文）に関する3つの論考とそれらを受けて比較教育学を展望する論考（黒田論文）を用意し、ここに掲載する運びとなったが、その趣旨は次のようである。

　そもそも、比較教育（学）の歴史は長い。杉本・南部ら（2019）によると、それは紀元前の歴史学者ヘロドトスによる古代ギリシャのアテネとスパルタの教育比較研究にまで遡り、中世以降の外国の教育に関する「旅行記」を経て、フランスのマルク・ジュリアンによる実証的な比較教育学の提唱（『比較教育学の構想と予備的見解』、1817）によって近代的な学問としてスタートをきる。そして自国の教育問題を解決するための「教育借用／教育移植」——それは時に政策意図を推進するために他国の教育の名声を利用するという意図が見え隠れする——、各国がもつ固有の歴史的経験に注目しながら教育に及ぼす社会的要因に迫ろうとする「歴史的アプローチ」、その国の教育制度に深く沈潜し、我々の知識・視野を広めて、結果的に自国の特徴を理解する手立てとなる「真理探究型アプローチ」、さらにグローバル化の中で教育の国際関係や世界的な

教育発展パタン等を解明しようとするアプローチというように分化してきている、という。

　こうした潮流の中で、日本における学的組織的取り組みとしての日本比較教育学会は5年間の準備期間を経て1965年に設立され、学会誌『比較教育学研究』を通して数多くの諸外国を取り上げた研究が蓄積されてきている。だが、その中で、窪島論文でも指摘されているように「比較教育学における比較」の問題が根本から問い直されてきた。

　鈴木（2017）はその構図を「残念なことに多くの（比較教育学会）会員は専門とされる国の教育を研究されるのに忙しく、それとの比較において日本の教育の特質を究明するといった余裕はお持ちでないようである」という市川昭午氏の批判と、それを受けた馬越徹氏の反論「（比較教育学の）活性化のために必要なのは、それ自体に比較が組み込まれた真の地域研究を充実させることである」を対置して描いている。

　かかる論点は本学会としてもけっして他人事ではなく、この問題を内在させながら、個別の外国研究が少なからず積み上げてられてきた。**表1**は特定の国にフォーカスしたSNEジャーナル掲載論文の一覧である。こうしてみると対象となる国々も欧米のみならずアジア圏域にまで広がり、また学位論文として刊行された研究成果も少なくない。さらに歴史研究という視座のみならず、政策やカリキュラムに関する研究、フィールドワーク／ケーススタディの手法を用いた実践研究も行われており、外国研究はそのウィングを大きく広げてきた。

　だからこそ今、本学会設立25周年に企画した「改めて「特別ニーズ教育」とは何か」という課題設定に学んで、「特別ニーズ教育」に関する個別の外国研究が「漂流」することなのないよう、なぜ、何について、どのように「比較教育学」に取り組み、学的貢献をしようとしているのか、改めて問い直すことが必要であると考えたしだいである。

　窪島氏が指摘しているように、外国研究を行う者は、常に個別の外国研究がもつ意義や課題、「比較」の意味や方法（個別外国研究自体が内包する「比較」を含む）、今求められている研究テーマなどの「問い」と向かい合わざるを得ない、そこで、自らの研究を踏まえながら、こうした問いへの省察、振り返りを共有し、議論することを通して、特別ニーズ教育研究を深める「比較教育

学」の在りようを考える契機としたい、というのが本課題研究の趣旨なのである。

## 表1　SNEジャーナル掲載の外国研究一覧

| 発行年 | 巻号 | 執筆者 | 論文タイトル |
|---|---|---|---|
| 1996 | 1(1) | 窪島務 | ザールランドにおける障害児と健常児のインテグレーションの展開―構想とその実現展開― |
| 1996 | 1(1) | 窪島務・野口明子 | (翻訳)「ドイツ連邦共和国の学校における特別な教育的促進に関する勧告」 |
| 1997 | 2(1) | 真城知己 | 特別な教育的ニーズの評価の視点―イギリスの動向を手がかりに |
| 1997 | 2(1) | 加瀬進 | 「インテグレーション」概念の再検討 |
| 1997 | 2(1) | 荒川智 | 障害児教育史研究とナチズム |
| 1998 | 3(1) | 石田祥代 | スウェーデンにおけるインテグレーションの展開過程―1960―70年代の発展期に焦点をあてて― |
| 1998 | 3(1) | 粟野正紀 | ニューヨーク市初等学校における進級制転換の背景―児童のニーズに対応する実践の位置をめぐって― |
| 1998 | 3(1) | 清水貞夫 | インクルージョンに向かって一歩踏み出すか―合衆国の全障害者教育法(IDEA)の改訂― |
| 2000 | 5(1) | 新井英靖 | イギリスの「学習困難児」問題への教育的トリートメントに関する一研究 |
| 2000 | 5(1) | 是永かな子・高橋智 | スウェーデンにおける統一学校構想と補助学級(学校)の改革 |
| 2001 | 6(1) | 吉利宗久 | アメリカ合衆国における医療的ケアを要する障害児の学校看護サービス |
| 2001 | 6(1) | 千賀愛・高橋智 | デューイ実験学校と多様なニーズをもつ子どもへの特別な教育的配慮 |
| 2002 | 8(1) | 清水貞夫 | イギリスにおける特別学校と通常学校との共同の発展 |
| 2002 | 8(1) | 水内豊和 | アメリカ合衆国の統合保育をめぐる幼児教育と幼児特殊教育の関係 |
| 2003 | 9(1) | 真城知己 | 改訂コード・オブ・プラクティスのSENCOへの影響と課題―IEPに関わる内容を中心に― |
| 2004 | 10(1) | 是永かな子・高橋智 | スウェーデンの特別ニーズ教育と「特別教育家(specialpedagog)」の役割―1990年の特別教育家の制度化を中心に― |
| 2004 | 10(1) | 鈴木庸裕 | 特別ニーズ教育をめぐるチームワークの形成―トロント市教育委員会の学校ソーシャルワーカーの役割を中心に― |
| 2004 | 10(1) | 片岡美華 | 構造化された特別支援体制の枠組みとその概要―オーストラリア、クィーンズランド州における支援プログラム― |
| 2004 | 10(1) | 沼原悠子 | ニュージーランドのリーディング・リカバリー |
| 2006 | 12(1) | 村山拓 | バートン・プラットにおける精神薄弱児の「教育可能性」概念に関する考察―1970年前後のプラットの所論を中心に― |
| 2006 | 12(1) | 水内豊和 | アメリカ合衆国におけるインクルーシブな保育を支えるスタッフの実際―ニューヨーク州シラキュース地区における質問紙調査から― |
| 2007 | 13(1) | 吉利宗久・水内豊和 | アメリカ合衆国におけるインクルージョン教育の成功要因に関する事例的検討―障害のある子どもの親に対する面接調査からの考察― |
| 2007 | 13(1) | 丸山啓史 | イギリスの知的障害者継続教育における成人学生拡大過程 |
| 2009 | 15(1) | 加瀬進 | スウェーデンの〈リソース学校〉と〈分離的統合〉に関する予備的研究―我が国への示唆と今後の研究課題を中心に― |
| 2010 | 16(1) | 真城知己 | 19世紀イギリスにおけるラグド・スクールと肢体不自由教育 |
| 2010 | 16(1) | 石田祥代 | スウェーデン義務教育諸学校における特別支援教育―地域の特色と特別ニーズに配慮した学校に焦点を当てて― |
| 2011 | 17(1) | 渡邉健治 | ロシアにおけるインクルーシブ教育について |
| 2011 | 17(1) | 加瀬進 | スウェーデンにおける＜インクルーシヴ教育＞―「障害者権利条約第24条/教育」に対するスウェーデン政府公式見解を中心に― |

| 2011 | 17(1) | 米田宏樹・野口晃菜・本間貴子 | 米国の水準にもとづく教育における特別支援教育の実際―イリノイ州Palatine　CCSD15の訪問調査から |
| 2013 | 19(1) | 羽山裕子 | 米国のResponse to Interventionにおける指導の在り方に関する一考察―既存の読み書き介入指導との関係に着目して |
| 2013 | 19(1) | 渡邉健治 | (課題研究報告) インクルーシブ教育についての国際比較研究I |
| 2015 | 21(1) | 村山拓 | 1960年代米国における初期指導用アルファベットを通した読みの指導の展開―PCDプロジェクトとダウニングによるアメリカITAへの批判に注目して― |
| 2015 | 21(1) | 白銀研五 | 受容されたインクルーシブ教育にみるベトナムの教育観―ハノイ市におけるホアニャップ教育の展開を手がかりとして― |
| 2015 | 21(1) | 羽山裕子 | アメリカ合衆国における中等教育段階の生徒を対象としたResponse to Interventionに関する一考察 |
| 2015 | 21(1) | 吉利宗久 | 通常の学校におけるインスリン投与の実践者をめぐる法解釈―カリフォルニア州最高裁判所判決を中心に― |
| 2016 | 22(1) | 王穎・我妻敏博 | 中国における聴覚障害幼児の名詞の習得と指導方法に関する研究 |
| 2017 | 23(1) | 徳永亜希雄・堺裕・田中浩二 | ポルトガルにおけるインクルーシブ教育の展開―Resources Centres for Inclusion（RCI）を中心に― |
| 2018 | 24(1) | 伊藤　駿 | スコットランドにおけるインクルーシブ教育の法制度的展開―スコットランド議会発足後に注目して― |
| 2019 | 25(1) | 伊藤　駿 | スコットランドにおける差異化の実践―多様な教育的ニーズへの応答の試み― |

## Ⅱ．3つの論考をめぐる特別ニーズ教育と比較教育学の論点

　ところで、ここまで特に比較教育（学）、外国研究、地域研究という用語を定義せずに用いてきた。このこと自体が比較教育学の地平、という問題設定に深く関わる重要な作業課題であることは言を俟たない。まず、「比較教育学」の定義については鈴木（2017）に倣い、比較教育学会のそれを参照しておこう。

　　「比較教育学とは、世界のさまざまな国・地方や文化圏の教育について、空間的に異なる複数の点に着目し、比較の方法を用いて分析することにより、一定の法則性や独自の類型を見いだすことを目的とする専門学問分野である。（後略）」

　　出典：日本比較教育学会編『比較教育学事典』（2012年、pp.321-322)

　一方、「外国研究」については暫定的に、国家、即ち「一定の地域（領土）を基礎に固有の統治権によって統治される継続的な公組織的共同社会」において、その国の政治的、経済的、社会的、文化的環境の下、（特別ニーズ）教育

がどのように構想され、実装され、あるいは実践として展開されているかを研究するものとして措定する。さらに「地域研究」について、ここではかかる「外国研究」をすすめる上で欠かせない、その国家を形成する一定のコミュニティおける地域（格）差に着目した研究、としておくこととする。

　さて、以下、3つの論考に先立だって共有しておきたい筆者なりの論点を提示しておく。

## 1.　窪島論文に学ぶ論点

　窪島論文の特徴は、ドイツのLRS-Klassen（読み書き学級）を素材に、事実に即した徹底的な地域研究の重要性を指摘し、研究として展開している点にある。そこに筆者は次のような問題意識を感受している。

　第一に日本における障害及び障害以外の要因で特別な教育的にニーズを有する子どもへの「教育学」の成立という一貫した問題意識をベースに「障害児学級教育の独自性・固有性の論理構成は可能か」という立論をしているのであるが、そもそも「障害児学級」―本論文で言えばLRS-Klassen（読み書き学級）―の「呼称」や対象を含む諸「事実」が実に多様であり、その「地域（差）研究」を踏まえた上でなければ比較教育学は存在し得ないという認識である。換言すれば、特定の国の「地域（差）研究」、その比較という作業自体を比較教育学として措定できるか、という論点を投げかけている。

　第二に、その作業の中でも指導内容や方法に属する研究方法としての「文献研究」の危うさに関する指摘である。「指導内容や方法に属する問題は実のところ文献のみでは全く実態は分からない。言辞と実態が異なることが多いので、むしろ文献的資料にのみ基づく研究は危険でさえある」と指摘する。

　表1に示した伊藤（2019）論文はスコットランドの学校における参与観察を踏まえた秀逸な論考であるが、現在の日本が保障する（制約する）研究環境の中で、どこまでそうした水準を求めうるのか、また、WEB情報の信頼性や質の問題とも関わって、どのような新しい研究方法（ICT活用など）を採用できるか、という問いがそこに成立する。

　第三に、理論化へのチャレンジである。いみじくも指摘されているように「語弊があるかもしれないが」という断りづきで外国研究は「比較的論文が書

きやすいこともあり安易に採用されがちである」と憂慮を示している。「事実
に即した徹底的な地域研究」は重要であるが、事実の連続的中間報告に終始
し、「比較を通して自国の教育が何であるかを対象化」するための問題意識と
理論化に至らない論考の漂流をどのように自ら戒め、しかし、事実の積み上げ
なしには展開しない比較教育学にどのように貢献するかというパラドキシカル
な論点である。

## 2.　間々田論文に学ぶ論点

　沖縄の那覇市を中央においた、いわゆる「沖縄中心地図」で北方領土を含む
日本全体を包み込む同心円は半径、約3000km。その同心円のほぼ外延に、カ
ンボジアの首都、プノンペンが位置づいている。ASEAN（東南アジア諸国連合）
への加盟は1999年、その歴史は決して平坦ではなかった。第2次世界大戦中の
日本国による占領、フランス領への転換から独立、ベトナム戦争、内戦。国際
連合の監視下で民主選挙が実施された1993年5月はサラマンカ声明発出のわず
か前年である。こうした厳しい歴史を経てきた開発途上国研究の一つが間々田
論文、カンボジア研究である。そこにどのような論点を読み取れるだろうか。
　第一に比較教育学の文脈における開発途上国の位置づけである。確かに
JICAによる支援対象国の一つであり、「被支援国」として日本からの「教育輸
出」国として交流と研究が始まったようである。しかし間々田氏は「研究目的
の検討」に記しているように、支援の持続可能性、被支援国の自律性に軸足を
おいた「外国研究」であると位置づけている。そもそも対象国は何を求めてい
るのか、それはどうすれば可能となるか、という被支援国のニーズを日本と
ASEANとの関係の中で定位するという問題である。
　第二に開発途上国の研究が日本に照射するものはなにか、という視点の重要
性への言及である。この点に関わって、間々田氏は医療関係者からの言葉、即
ち「カンボジアで得られた知見をどのように日本に還元するかが、今の私たち
の課題である」という一節を引用している。我々はともすると日本の教育、福
祉、医療が全国あまねく充実しているかのように錯覚しかねない。開発途上国
の現状と支援、そこからの自立に少なからず学ぶものがあるのではないかとい
う論点である。

　第三に資料が乏しく、あったとしても信頼性に疑義がある国の研究方法である。間々田氏はプノンペン大学教育学部の現地在住者として研究を進められているが、こうした諸外国在住の研究者との共同研究をどう成立させるか、という論点にもなる。

## 3. 千賀論文に学ぶ論点

　千賀論文では短いとは言え、研究者として自立していく自分史が記されている。若干、論点からはずれるかもしれないが、本学会では若手チャレンジ研究会など後進の育成に心を砕いており、こうした自分史に多くを学んで欲しい。また、直接（対面）、間接（ズーム等）による交流もぜひ進めていきたいところである。

　さて、千賀論文でもアメリカ研究で長らく指摘されてきた州による地域（格）差の把握が課題として指摘されている。しかしながら50州に及ぶ巨大国家の研究となると、州による違いを常に意識しながらも、日本の教育問題をどのように捉えるかという点がいっそう重要となるであろう。その点において、千賀氏のいう「アメリカ研究からみた特別ニーズ教育の論点」がまさに本特集の趣旨と重なっている。

　第一にインクルーシブ教育の財政問題と平等性・アクセシビリティである。窪島論文に学ぶ論点で触れたように、日本国内における「地域（格）差」研究」「地域研究」は大きな課題である。筆者の問題関心で言えば、「貧困と特別ニーズ教育」研究がまさに相応するものであって、例えば特定自治体内における富裕層地域と低所得階層集住地域の子どもと諸環境の差異、両者が混在する学校における対抗文化をはじめとする諸問題などと切り結ぶ課題である。

　第二に複数の特別なニーズをもつ子どもの教育保障である。アメリカでは「障害とジェンダーやLGBTQ、発達障害と才能児、障害と人種的・言語的マイノリティのように複数の特別なニーズを持つ子どもの教育保障の問題が活発に研究されている」とのことであるが、日本においては単数の研究が主流であり－ただし、そのことの意義も検討する必要がある－、上述した貧困や虐待と言った生活状況、家庭環境との関係も含めて、どのように取り組んでいくかという課題を投げかけている。

　第三にインクルーシブ教育の文化的側面と自己決定である。特に「同じ障害をもつ人々の集団であるというだけでは、分離（segregation）の根拠として不十分であり、「分離」と同じ障害や特別なニーズを持つ者の「連帯」（solidarity）の違いは、誰が決定権を持っていたかという強制（enforced）と自主的（voluntary）参加の違いである」という先行研究の紹介は、インクルージョンをめぐる論点として重要である。

　なお、この点とかかわって、千賀論文では「インクルージョン」「インクルーシブ教育」の定義や論争については取り上げられていない。これは瑕疵ということではなく、我々が3つの論文を踏まえた大きな論点として捉えるべき問題である。

　さて、3つの論考について、筆者なりの論点を整理してみた。比較研究の今日的意味を検討した黒田論文と合わせ、読者諸氏と直接、間接議論をし、特別ニーズ教育と比較教育学の地平をブレイクスルー手がかりを得たいと願ってやまないしだいである。

### 文献

杉本均・南部広孝編著『比較教育学原論』、協同出版、2019（特に杉本による第 1 章「比較教育学」）

鈴木俊之（2017）比較教育学における比較の意味について―比較政治学を参考に、青山学院女子短期大学総合文化研究所年報　第 25 号、33 - 46.

SNEジャーナル, 27(1), 2021, 9 – 24

特　集

# 障害児教育の独自性・固有性の
# 論理構成は可能か？

## ―比較教育学的考察から見えてくるもの―

窪島 務

（滋賀大学名誉教授・NPO法人SKCキッズカレッジ）

　特別ニーズ教育学における比較教育学的研究の意義について、ドイツの LRS-Klassen（読み書き困難学級）を直接の対象として調査し、日本の障害児学級との比較を通じて考察を行った。LRS-Klassenは、旧東独地域には伝統的に存在し、2013年頃までは多くの地域に存在したが、現在ではザクセン州のみにあり、旧西ドイツ地域ではバーデン・ビュルテンベルク州にある。いずれもいわゆる発達障害としての読み書き困難児を対象にしたもので、軽度知的障害児を対象にしたものではない。もともと、ドイツでは、軽度知的障害児のみを教育的に取り出すことはなく、学習不振児の教育も独立障害児学校の対象として捉えられていた。日本では、軽度知的障害児と学習遅進児の一部は、固定制障害児学級の教育対象とされている。インクルーシブ教育の振興のかけ声の中で、障害児学級が通常学級の補充的・補完的役割を与えられ、その固有の教育的意義の再定義が必要とされている。

---

**キーワード**

特別教育的ニーズ（SEN）　Special Educational Needs（SEN）

LRS-Klassen（読み書き困難児学級）

軽度知的障害　mild intellectual disability

固定制障害児学級　self-contained special class

# Ⅰ．はじめに

　研究委員会から本稿に期待されたのは、特別ニーズ教育学における比較教育学研究の方法と意義及びその課題について論じることであるが、一般的に論じてもあまり有益とは思われないので、ドイツの LRS 学級を素材にして、当面の筆者の関心である「障害児学級教育の独自性・固有性の論理構成は可能か？そして如何に？」という一つの個別具体的テーマに関する筆者自身の論究を提示しながら特別ニーズ教育学における比較教育学的研究方法の意味を考えることにする。

　教育学における外国研究は語弊があるかもしれないが、比較的論文が書きやすいこともあり安易に採用されがちであるが、本来は、外国研究は研究者の問題意識、課題意識と不可分である。

# Ⅱ．比較教育学における「比較」ということ

　比較教育学研究の専門領域で、アイデンティティ・クライシスが問題になって久しいという（鈴木 2017）。その特徴に、2 つの方法があり、一般化志向（普遍的法則の探求）と差異化志向（それぞれの国の独自性の探求）であるという（今井 1990）。今井は、比較教育学の不毛さの原因に、「比較教育学研究者に日本の教育問題に対する関心が乏しいのではないか、日本の教育問題を解決に寄与する気はないのか、日本との比較を意識してないから比較研究がうまく行っていないのではないか」という市川昭午の指摘を紹介している。

　比較教育学における比較は「何を比較するのか」というターゲットの焦点化だけでなく、それを成立させている歴史的社会的諸条件、諸要因を含めた構造的視点が不可欠となる。特別ニーズ教育（SNE）の概念は、そのマイナス面として多くの論者が様々な障害の種類と程度・困難を無視し、「特別の教育的ニーズ」という一つの概念でひとくくりにして論を展開することが少なからずあった。

　重度の知的障害と知的障害のない発達障害がそれぞれの困難のありようを度

外視して論が展開される。重度の知的障害を視野に入れずその教育に対する権利要求や生活要求という権利性を考慮しないダイバーシティ概念がその典型である（岩淵 2021）。ダイバーシティ（多様性）という流行の抽象的言辞に惑わされてインクルーシブ教育と共存するかのような理解が流行する。その結果、インクルージョンの時代において特に SEN 概念の実際上の意義は、ほとんど無意味なぐらいに低下した（窪島 2020）。

　上記テーマは筆者の一貫した問題関心であり、SNE 学会の設立につながった。筆者の『障害児の教育学』（窪島 1988）では、障害児教育は自立的規定性を持たず、通常学級教育（学）のありように依存しているという事実的規定性を明らかにした。

　『ドイツにおける障害児の統合教育の展開』（窪島 1998）では、ドイツにおける第一世代のインテグレーションの理論と実践を直接の観察を含めて考察した。現在はその第 3 世代に当たる。

　最近の『発達障害の教育学』（窪島 2019）では、一般教育学が「多数者教育学」に過ぎないことを明らかにして障害児教育とその理論の自律性を確立する課題を発達保障という教育的価値を中心に考えた。

　拙論「インクルージョン時代の障害児教育再考（Ⅰ）インクルーシブ教育とSEN」（窪島 2020）では、最近のインクルージョンとダイバーシティ論が SEN と障害児教育を否定する論理を内包していることに注意を促し、SEN 概念を事実に即して構想する必要性があることを指摘した。

　インクルージョンの「どんちゃん騒ぎ」の陰で、意図的に障害児教育の固有性、すなわち個々の子どもの全体的人格的発達という教育的価値を実現することを目指すそれぞれの多様性の教育学の固有の課題性を否定し、通常学級教育（学）の補助的役割を与えるようになっていることに SEN 論はどう対峙しようとしているのか、また SNE 学会の存在意義が問われてもいる。

　こうしてみると、昨今、研究者も流行の言辞のニュアンス、フィーリングの甘さにまどわされてその本質、社会的実践的事実へのアプローチが軽くなっているような気がする。「言辞的ロマン主義」とでも言えようか。

　本論に入る前に、用語についてあらかじめお断りをしておきたい。本稿では、特別支援学級（教育）、障害児学級（教育）、特別学級等々の用語が使われてい

る。歴史的事情や制度的違い、また理念的観点からの使用法など、それぞれに
それなりの理由があって使用されており、これを一つの用語でまとめることは
できないし有益でもない。それぞれの文脈で異なる用語が使われているが、大
きくは同じ事象を指していると考えていただいて良い。

### Ⅲ．障害児学級教育の独自性・固有性の論理構成は可能か
#### —ひとつの予備的作業—

　ここでは、障害児学級教育の独自性・固有性を考えるために、具体的対象と
して類似のタームを持つドイツの「読み書き困難学級」（LRS-Klassen）を取り
上げる。類似概念としては、レガステニー学級（Legasthenie-klassen）、読み
学級（Lese-Klassen）、促進教育学級（Förder-Klassen）等々がある。
　本論を展開するために、さしあたりの留意点をいくつか挙げておく。ある意
味では、この留意点が比較教育学の課題であり、また困難点にもなりうる。
　第1は、いわゆる固定制障害児学級だけでなく、通級指導教室、個別取りだ
し指導、少人数グループ指導、学校外療育教室、習熟度別学習編成、放課後等
個別学習指導など、これらはすべて特別の教育指導であり、特別の場であり、
障害児学級教育を考える際に視野に入れて検討することが必要となる。バイエ
ルンの「パートナー学級」（Aussenklassen/Partnerklassen）は、インクルージョ
ンの流れの中で生まれた通常学校内に置かれた「障害児学級」である。子ども
の実態が知的障害児学校の生徒であるから当然ドイツでは「重度の障害」に相
当し、制度上は通常学校に設置された障害児学校の一学級である。つまり、学
級の対象とされる障害の種類と程度が問題となる。
　本稿では、知的障害を中心に考えているが、理論問題としては、周辺の特異
的学習障害、行動上の障害、認知など発達障害、さらには学習遅滞いわゆる境
界線（ボーダーライン）を視野に入れなければならない。総じて、軽度障害の
教育指導の場に関する教育制度、教育的対応が問題となる。

### 1．LRS-Klassen（読み書き学級）問題
残念ながら、ドイツに日本のような固定制障害児学級の一般的定義は存在し

ない。そこで、各地の個別事例から情報を収集することになる。個別の具体的な状況は法令など制度論よりは、各学校のHPなどの情報が有益である。

### 新連邦州（旧東独地域）ザクセン州のLRS-Klassen

　歴史的には、1970年代にGisela Scheufler先生が読み書き困難がある部分的機能薄弱の子どもの促進教育グループを促進学校の教師と連携して設置した。政治的転換によってScheufler先生は、ドレスデンの言語障害児学校の外部に、いわゆるLRS-Klassenを設置する可能性を見いだした。こうした包括的な促進教育は今日では自由都市ザクセンにのみある。個々の学校のHPにこうした情報が散見される。

### Süd Radeberg基礎学校のHP（ザクセン州のRadeberg）

　個別指導（Individuelle Förderung）という見出しの下に次の項目が列挙され、その中にLRS-Klassenがある。・Förderunterricht -leistungsschwacher Schüler、・Integration von Kindern mit sozial-emotionalen Auffälligkeiten、・LRS Klassen、・DaZ Unterricht（外国人向けドイツ語指導）（Quelle: Eingabe durch Schule, Stand: 31.8.2020）。ここでは、低学力児の促進指導とLRS学級が区別されている。

### ザクセンアレー学校（基礎学校）

　この学校（Sachsenalleeschule）では、2016年現在、63人の子どもが4つの読み書き学級で学習している。1クラス最大16人。3年生を2年間に延長する。ドイツでは、小学校は4年生までが主流。「1995年以来、我が校は周辺の11校の読み書き困難児の拠点校（Stützpunktschule）である。LRS-Klassenには4人の教師と4つのクラスのそれぞれに12〜14人の生徒が学習している」。いくつかの学校のHPに同様の記述がみられるが、多くは省略する。（例えば、Lessing Grundschule Zittau － 「拠点校」（Stützpunktschule）方式、Grundschule "Carl Böhme" 9. Schule – Grundschule der Stadt Leipzig、46. Grundschule Leipzigなど）。

## 2. 旧連邦州（旧西ドイツ）のLRS学級ないし読み学級

バーデン・ビュルテンベルク州の場合

専門的研究書でも前述のように、LRS-Klassen は新連邦州（旧東独）にのみあると記述されることが多い、しかしこれは事実ではない。Baden-Württemberg には、旧西ドイツ地域では唯一、現在でも2つ以上の LRS-Klassen がある。また、読み学級（Lese-klasse）、読み学校（Lese-Schule）なども存在するようである。Manheim には 1990 年代、LRS-Schule（読み書き困難学校）があった。指導法は、die "Kieler Lese-Intensivmaßnahmen" が使用されている。Baden-Wuerttenberg 州の Freiberg には、LRS 学校があり、1 年生から学習する。LRS 学校は独立の読み書き障害学校ではなく、読み書き障害学級のある地域のセンター的学校を指す（Kinder mit Legasthenie – Das Ringen mit den Buchstaben.16.10.2020　https://www.swr.de/swr2/wissen/kinder-mit-legasthenie-das-ringen-mit-den-buchstaben-swr2-wissen-2020-10-17-100.html）。

Ludwigsburg に 10 年以上存在し、有効に機能していた読み書き困難児（LRS）のための Leseklasse が 2013 ／ 2014 年度に廃止すると市当局が突然通知した。これに対して、市の保護者協議会が抗議をし、BW 州の教育当局が撤回し存続を決めた。このように、多くの州ではこうした LRS-Klassen は閉鎖される傾向にある。主要因はインクルーシブ教育の影響・結果と財政問題である。

ブレーメン

すべての障害児学校を廃止すると宣言したブレーメンには 2017 年現在、特定の種類の特殊学校すなわち促進教育センター（Spezialschulen, die Förderzentren）がある。現在公立5校と私立1校がある。2009 年以前には多くの促進教育センター（Lernen, Sprache und Verhalten（LSV））があったが、ほとんどは段階的に廃止された。全ての生徒が通常学校の通常学級に通っていることになっているが、障害児学校と類似の学級に「W-und-E-Klassen」（「知覚及び発達学級」：Wahrnehmungs- und Entwicklungsklassen）というものがあり、17 人の通常学級生徒と5人の促進児が一緒に学習している。

市当局によると、新年度には 75 基礎学校中 23 校に一つないし複数のこの学級が設置される。ブレーメンの促進学校センター（障害児学校）は、2018 年

に廃止されることになっていたが、この学校は特別措置によって2024年まで延長された。インクルーシブ授業に参加できない子どものための移行的機関として位置づけられている。知的障害児学校は早くから縮小、廃止されている。ところが名前だけ変えて廃止したことにして、実態は残すというインクルージョンの政治的マヌーバーが行われているという報道もある（Lisa-Maria Röhling 29.01.2020 https://www.weser-kurier.de/bremen/bremen-stadt_artikel,-zukunft-der-fritzgansbergfoerderschule-bleibt-ungewiss-_arid,1893226.html）。

ブレーメンの「読み—集中コース」（"Lese-Intensivkurse in Bremen"）

　ブレーメンには、いわゆる「ブレーメン読み集中コース」（"Bremer Lese-Intensivkurs, BLIK"）があり、読みに高度の促進ニーズのある子どもが、6人の少人数グループで10週以上、週に20時間の集中的な指導を受けている。コースは、市全体で基礎学校に24か所に設置され、授業と並行して行われる。ブレーメン港区には、設置されていない。その代わりに、授業における個別的促進および少人数指導が行われる。

　ブレーメンでは、民間のLRS児促進教室（Förderkurse für LRS-Kinder）に対して1992年以来、60分の指導に月当たり80ユーロ（約1万円）の公費支援が行われている（FDP議員団からの質問に対する市当局の回答2019年1月30日）。こうしたやり方のモデルはバイエルンにある。2003年には2年生から10週間の「読み集中コース」Lese-Intensivkursenがあった。2年生の7%がこの集中コースに参加していた（DIE WELT；Bildungspolitik: Kinder sollen mehr Bücher lesen,Veröffentlicht am 25.03.2003）。

　今日のブレーメンでは、1年生末に生徒全員に検査（Sichtungsverfahren）が行われ、1年生末に読みに重度の困難を持つ生徒に「読み学級」（die Lese-klasse）がある。8週間の読みの集中的な学習が行われている（Elternfibel；Grundschule an der Delfter Straße Bremen）。読み学級は、8週間という説と9週間という説がある。2年生に6人以下の小グループで約9週間の集中学習コースが24校で行われている（Bremer Lese-Intensivkurse, BLIK；Handbuch: Die Bremer Lese-Intensivkurse – BLIK）。

ベルリン

　ベルリンのノイケルン区では 2003 年に重度の読み書き困難児にたいして
「読み集中学習学級」(Lese-Intensiv-Klasse [L I K])が開発され、"Kieler Lese-
und Rechtschreibaufbau" が採用された。ここでは、11 週間の集中的方策が、
近隣からの来校児に最大 8 人で週 4 日、それぞれ 4 時間の指導が行われる。こ
こでの集中的学習のあとは、さらに週 1 回の一時的グループが 2 年間にわたり
2 時間、別の学校(Zürich-Schule)で継続される(Konzept der Lese-Intensiv-
Klasse [L I K] Berlin Neukölln ; Zuletzt aktualisiert: Dienstag, 22. Oktober
2019)。

　2020 年、ベルリンには学校横断的に設置される一時的学習グループが組織
されている。Reinikendorf 区に、「読み書き困難学習治療コース」("LRS-Lern-
kuren")が読み書きの特別の促進教育のためにおかれ、最大 16 人の生徒に対し
て 8 ～ 11 週間継続して学習指導が行われる。学年ごとに 4 つの治療コースが
ある(SCHWIERIGKEITEN IM LESEN, RECHTSCHREIBEN UND RECHNEN
Berlin ; Herausgeber Senatsverwaltung für Bildung,Jugend und Familie 2020)。

　ベルリンには、「PULS 学級」というものもあった。これは、「読み書き予防
授業」(Prävention Unterricht Lesen Schreiben)を目的とする学級で、就学前
に言語発達に問題があり、読み書きの困難を予防する授業として、就学当初か
ら少人数の指導を行った。「障害児学級」ではなく、読み書きの特別の促進教
育であるが、「諸般の理由」で廃止されることになった。「諸般の理由」が、イ
ンクルーシブ教育にあることは明らかである(Friedrichsfelder Schule、Berlin
の HP)。


### 3. LRS-Klassen または Leseklassen に対する批判

　ドイツの世論、特に「教育主義」に立つ教育関係者は、概して LRS 学級に
冷たい。この点は日本の多数者教育学と余り変わりはない。大きくは 4 つの批
判の論点があると言われている。批判の大部分は次のようなステレオタイプの
批判であるが、ドイツでは主流の言説である。

　1.　読み書き学級は、排除を意味する－インクルージョンではない
　2.　読み書き学級は、社会的行動における障害を助長する

3.　読み書き学級は、多様化化した個別支援を成しえない

4.　読み書き学級は、人間の尊厳に反する（Legasthenie Coaching　2000.3. 16）。

ドイツの議論では、LRS-Klassen は特殊学校の一形態（Sonderschulen in Form von LRS-Klassen）として理解され、特殊学校と同じ次元でインクルージョンの対極の排除の制度として批判される。一方、ヨーロッパの他の地域では、インクルーシブ教育の一形態として評価されることもある。

　教育評論家の Valtin は、特別の学習グループを置くべきでないとする理由を次のように展開する。1) インクルージョン原理に反する、2)「共習授業」の中でおこなうことが大前提（=「内的分化」）であり、外的分化は「排斥」・「分離」である、3) 外的分化は、生徒の情緒、自尊心、尊厳、権利を奪う、4) 知的障害、LRS は障害ではなく、授業によって回復可能である、5) Preuss-Lausitz（1986）によって、特殊教育学校が第 3 帝国に結び付けられ、そうした理解が議会にも広がった。こうした見解は、概していわゆる理念的「教育主義」の典型であるが、日本と同様、ドイツ教育界でも主流を占める（Valtin, Renate: Brauchen wir die Legasthenie? 2009, 5 S. - URN: urn:nbn:de:0111-opus-14698　http://nbn-resolving.de/urn:nbn:de:0111-opus-14698）。

　以上は、概ね事実的観察に基づいている。以下ではこれを対象化していくつかのテーマについて、理論上の問題として考察する。

## IV.　考　察

### 1.　LRS-Klassen の最近の現状

　多くの州で LRS 学級は閉鎖された。理由の 1 は、インクルーシブ教育の影響・結果である。財政問題が隠れている可能性がある。ドイツの学校は慢性的教師不足に陥っている。Sachsen-Anhalt 州では、2012/13 年度には新規 LRS-Klassen は開設されない。Thüringen と Brandenburg 州では、1991/92 年度には特別な LRS-Klassen の継続は連邦の統一基準の受け入れによって断念され、旧連邦州（西ドイツのこと）と同様に私立学校に移管された。Sachsen と Mecklenburg-Vorpommern では依然として存在する。Baden-Bürttemberg では

新しく開設された。

　筆者の当初の期待に反して、軽度知的障害児の SEN 教育は固有の学級を必要とするという形では存在せず（独立の「学習困難児学校」は存在する）、あるのは読み書き・計算困難あるいは社会性の困難児、いわゆる発達障害児に対する一時的な治療教育であり、日本の「特別支援教室」の類である。

### 2.「共習授業」への固執と「外的分化」への抵抗

　指導内容や方法に属する問題は実のところ文献のみでは全く実態は分からない。言辞と実態が異なることが多いので、むしろ文献的資料にのみ基づく研究は危険でさえある。「共習授業・学習」はその最たるものである。

　多くの州でインクルージョンを実現するために、教育課程上の「同一目標」と「異なる目標」の設定を教育法で規定した。促進教育重点「学習」と「知的障害」以外は、「同一目標」の授業が行われる。しかし、「異なる目標」も通常学級における同一時間内の「共習授業」の中での「異なる目標」でしかなく、通常学級担任が指導する。すなわち、「促進教育の時間」（Förderunterrichts-stunden）、「学習分化の学習」（Lerndifferent lernen）など多様な形があるが、「異なる目標」も、同一授業（同一教科）内での「内的分化」にすぎない。重度知的障害（Gb）児には外的分化もあり得る。

　さらに、ドイツの共習授業における「異なる目標」では、同一学校で同一授業時間を受けていたとしても、卒業証書は到達レベルによって能力差による三分岐制に基づく学校種ごとの異なる卒業証書となる。例えば、インクルーシブ学校において、学習遅進（Lernen）レベルの内容で個別指導（内的分化）が行われた場合、卒業資格は、「9 学年終了基幹学校卒業」（"Hauptschulabschluss nach Kl.9"）ないし「促進重点学校（学習）卒業」（障害児学校）となる。ただし、それもデュセルドルフでは、9 学年と 10 学年で英語の授業を受けた場合に限られる。それ以外は、知的障害（Geistige Entwicklung）となり、その場合「促進重点学校卒業（知的障害）」（Förderschulabschluss "Geistige Entwicklung"）、つまり障害児学校卒業となる。

　卒業証書の違いは、その後の進路に直結する。教育内容に歴然とした違いがあったことが卒業時に明らかになる。教育内容のレベルは、単に量的違いでは

なく、認知的な質的違い、発達における質的な差異を含んでいるが、その点へ
の視点は欠落している。日本の多数者教育学にも共通する「教育学における発
達論の不在」である。

このほかに、いくつかの州では一時的例外的なグループ指導を規定している
州（バーデン・ビュルテンベルク、ハンブルク、メクレンブルク・フォアポン
メルン）があるが、実態はよく分からない。しかしながら、ドイツで最も保守
的で急激なインクルーシブ教育に反対していると思われた Bayern が、読み書
き障害に対する集中的な指導を実施することをインクルーシブ教育に適合しな
いという理由で拒否したと報じられている（出典：Fördern verboten: Effektive
Fördermethode bei LRS "nicht inklusionsgemäß" – Praxis Förderdiagnostik
（praxis-foerderdiagnostik. de）。

## 3. 軽度知的障害児の教育の場としての障害児学級は認知されうるか？
### ―障害（ニーズ）の程度および質的差異―　ニーズ論の今後の展望

ここでドイツの LRS 学級を踏まえながらも少し論点を移行して、軽度知的
障害児の教育の場としての障害児学級論に触れておく。

今日のニーズ論で欠落する重大事の一つが、障害の質と程度の違いに対す
る認識である。ザクセンでは、知的障害は5つの段階に区分される。境界線
（Grenzfälle Über 70）、軽度（Gering 50-70）、中度（Mäßig 35-49）、重度（schwer
20-34）、最重度（sehr schwer 0-19）。IQ70 以上は「学習遅進」（Lernbehinderung）
と呼ばれる。「学習遅進」はいわゆる学習障害ではないことが明記されている
（ザクセン知的障害地域社会連盟 Kommunaler Sozialverband Sachsen Geistig
behinderte Menschen）。

ここでの問題は、こうした区別の一般論ではなく、知的障害児の教育的ニー
ズの内容としての質と程度（重さ）の問題である。インクルージョン、インク
ルーシブ教育を取り扱う内外の研究論文でまさにこの点が意図的、無意図的に
あいまいにされる。この観点から、さしあたり2つの点が指摘されうる。

第1に、知的障害児学級とはそもそも何だったのか、通常学級とは別建ての
特別の学習の場としての「特別学級」は、過去においても今日においても、そ
もそも、軽度知的障害児の学習の場であったのかどうか？

　第 2 に、通常の学級とその教育は、いわゆる学習困難児、とりわけ中でもある種の発達的特徴を共有する集団としてのボーダーライン（境界線）と言われる子どもの教育にどのように対応してきたのか、また現にいかに対応しているか、という問題である。

　また、同時に、そうした教育現場の事実を教育学はいかに認識し、教育理論に組み込むことに取り組んできたのか来なかったのか？ この問題を抜きにして、教育における障害のある子どもたちのインクルージョン、インクルーシブ教育を語ることはできない。

　改めて知的障害に絞って障害児学級を考えると、障害児学級（知的障害支援学級）は、制度上は、いわゆる軽度知的障害を対象にすることを建前としている。国際的に見て、軽度知的障害児学級を制度的に保持している国は実は多くはない。

　戦後教育改革の中で、「特殊学級」がモデルとした米国の固定制特殊学級在籍児は、今日では障害児教育を受けている子ども（全児童生徒の約 14％）の約 23％にすぎない。しかも、その多くは軽度知的障害ではなく、自閉症、感覚障害、重度知的障害などである。それゆえ、軽度知的障害児の障害児学級が固有の学級として存在する根拠を米国に求めることはできず、日本の障害児学級とそこでの実践に求めなければならない。

　教育的価値の観点からは、障害児学級の自立的存在根拠は子どもの人格発達上のニーズ（必要）にあり、その SEN の理解にある。こうした議論は、Norwich ら（2012）が指摘する、今日における「軽度学習困難（MLD）の解体」、ネグレクトという世界的現象に反照すると思われる。

　今日の日本に目を転じると、最近、知的障害児学級の対象を IQ80 ないし 85 以下とする就学指導が強力に行われ、同時に知的障害児学級（知的支援学級）に入学すると高等学校進学はできないという「指導」が強く行われている。知的障害児学級の対象は、文科省レベルでは基本は軽度知的障害があることであり、社会的適応度を考慮してさらに知的能力が高い子どもも対象となりうることを示している。

　しかし、IQ の数値による境界線児（IQ70 ～ 85）は障害児学級の対象児とはしていない。確かに実態としては、戦後においても多くの地域で知的障害児学

級の３分の１程度が境界線児で占められていることは少なくなかった。こうした事態が知的障害児学級の教育をゆがめているという指摘は少なくない。

　ところが、前田・高橋（2000）によると歴史的にも発足当時から学力の落ちこぼれによる劣等児が「特別学級」の主たる対象であったという。筆者の定式では、こうした事態の事実的規定性は通常学級教育のあり様に由来するのであり、「特別学級」はその規定性を受動的に受けているにすぎない。

　前述のように、規定性は通常学級が境界線児・ボーダーラインの子どもたちを如何に取り扱っているかにある。ところが、多数者教育学は通常学級の子どもの発達的特性を量的違いとしか見ず、それを指導法により解決しうるし、解決しようとしてきた。その際に採用された方略が、授業における教材研究という方法論であり、この方法論は教師の視点を子どもから教材に移行させ、その反照として子どもはパラドキシカルに、理念的には「一人ひとりの子ども」として観念されながら、現実的には「学級集団」として「まるごと」把握された。

　境界線児は、発達と認知の特性から、「教えた時にはわかった」ように見える（学習した直後のテストではある程度の点数を取る）という特性がある。しかし、しばらくするとほぼ忘れてしまうことに、教師は無頓着になる。授業論は、「教えたときにはわかった」という教師にも子どもにも共に感じさせる「すぐれた教育技術」を精緻化し、洗練させてきた。「学力の剥落」という現象の一部は確かに悪しき教育政策を原因とするものであったかもしれないが、一部は「すぐれた教育実践」の裏面であったのではないか。

　70年代から80年代前半の「すぐれた教育実践」は、教師の視点を子どもから教材、教具、教育方法に暗黙の内に移行させた。これを日本的集団主義観念が下支えした。共同学習は、彼らを集団に埋没させ不可視化させる。教師の視点を個々の子どもの発達から共同（集団）という仮想対象に移行させる。要するに、多数者教育学は、すべての子どもが教育可能であり、通常学級の「すぐれた指導」により十分な学習に到達させることができる、と想念した。

　こうした理念的教育観を「教育主義」と呼ぶ。教育主義はその観念性ゆえに、理念とは異なる子どもの学習の本当の困難には視野が及ばない。とはいえ、それは個々の教師の責任と言うより、「教育主義」的パラダイムのなせる技である。通常学級に13％前後は常に在籍し、心理学的には「境界線児」（ボーダーライン）

と呼ばれる子どもの存在は、「教育主義」の網膜には映っても大脳の視覚野で捉えられ前頭葉で意識されることはない。

　こうした心理的ネグレクトは、その子どもたちを通常学級の教育から事実上排除し、その結果、自らの指導がこの子どもたちを「特別学級」に追いやっているということを、自らの意識からも排除する。そして、こうした子どもたちを「特別学級」がやむを得ず受け止めることに対して、障害児というレッテルを貼って差別していると糾弾しさえする。この場合のネグレクトは、子どもの主体的内面への否定的作用を考えるならば、教育の場における虐待の一つとしてのネグレクトである。

　もちろん、この子どもたちは、心理学的な「ボーダーライン」の概念でひとくくりできるような均質的集団として捉えることはできず、大きな個人差を有し、生活現実から社会的影響を強く受けもする。通常学級の教師が人格形成に大きな影響力を発揮したことも多くの実践が示している。最近、メディアで取り上げられることが多くなったが、そこでは不正確で、教育的でも発達的でもない理解が広がっている。その責任の一端は、教育学のネグレクトにもある。ネグレクトではなく、教育学的なしっかりした理解をもってきちんと議論することが求められている。

　近年の事態は、通常学級の排除的メカニズムが一層強力になっていることを示している。その様相はこれまでとは違って、明示的に教育行政の指導として「一般的基準」の形で行われているところにある。押し出された子どもたちは、「特別な教育的ニーズを有する子ども」として障害児教育の側で意識化されている。しかしそれは、実像が反転している。それは、本来の居場所たる通常学級からその子どもたちが不可視化され、異質化された結果であることを意味する。

　筆者は、通常学級で個々の教師がそうした子どもたちに心を砕き、寄り添い、励ましている貴重な実践が少なからず存在することを知っている。にもかかわらず、個々の努力と苦悩を超えた一般的観察として、以上のように強く指摘せざるを得ない。今日の教育と教育学の困難を克服するためには、一般教育学の改革と転換が不可避だからである。

　障害児教育にあっては、文科省の基準では、一つの障害児学級に、1年生か

ら6年生までが在籍し、かつ重度知的障害から学力不振の子どもたちが最大8人在籍する。担任は一人であり、7人を超えると介助が一人つく制度をもつ自治体もある。この状態を一言で言い表すならば、とても適切な教育の場とはいいがたい「カオス」状態であり、本来の軽度知的障害児学級の事実上の消滅である。しかし、それでも筆者はあえて、知的障害児学級には多数者教育が支配的な通常学級よりはましな教育の場となりうる可能性があると考えている。本稿で触れることはできないが、その可能性を実現しうるのは、ただただ担任の資質と学校の空気である（雑誌教育2021年11月号参照）。

## V．まとめ

　特別学級が、軽度知的障害児の学級として自立性を確保するためには、多数者教育学と通常学級の教育が、境界線児とその周辺児を正面から、かつ教育学的に理論的に定位し、主として通常学級にインクルージョンし、教育学的に適切に発達保障の手立てを尽くすことが前提である。

　そのためには、通常学級教育学、特に教科教授学と教育方法学に「発達の視点」が不可欠である。「私たちは、発達という視点を抜きにしては、じつは能力というものをも、またその特定な形態である学力をも、とらえることはできないことを理解する」（勝田守一1964）という理念的理解のこどもの生活と学習の現実における個別具体的でリアルな認識が問われている。教育学に不可欠な現実的でリアルな認識には、実践記録や教師の語り（のみ）からではなく、実際の「授業における子どもの事実」と長期にわたりかつ節々で変転する子どもの人格的発達の事実的プロセスを自らの目で捉えることが含まれる。

　暫定的に方向性を示すとすれば、次のようになろう。

1. 通常学級教育が、学習の躓きの理解に「発達の視点」を据えること。とりわけ、ボーダーラインとその周辺の子どもたちの発達と学習の事実、及び帰結（追跡調査）を明らかにすることからはじめること。
2. 障害児学級は、軽度知的障害のある子どもだけでなく、本来は通常学級教育の対象でありながら学習困難の特徴からそうした子どもたちも受け入れる「責務」を持たざるを得ないこと。もちろん、その子どもたちを、

軽度知的障害の学級とは別の教育の場で指導する制度的可能性は残る。ただし、今日の通級指導教室ではなく（東京は例外である）、少人数の集団と安定した＜子ども－子ども－教師＞関係が保障される場でなければならない。

3. それにふさわしい制度設計と制度的保障が不可欠である。最低限 2 学年制ないし 3 学年制とし、かつ、複数担任であること。

4. さらには、教師による教育内容の自主編成権の完全な保障という 4 つが最低限の条件として必要となる。

　本稿は、障害児学級の自律的自己規定を求めて、ドイツの LRS 学級を手始めに最近の動向を調べることから始めた。いま、日本の固定制障害児学級は、担い手の代替わりと専門性の劣化、政策的には特別支援教室の流れに押されて通常学級の補助的機関に格下げされようとしている。比較研究、外国研究の意義の一つは、ブーメランのように、比較を通して自国の教育が何であるかを対象化させてくれることであると思う。

### 文献

鈴木俊之「比較教育学における比較の意味について―比較政治学を参考に」総合文化研究所　年報第 25 号、2017 年。

今井重孝「比較教育学方法論に関する一考察―「一般化」志向と「差異化」志向を軸として―」日本比較教育学会紀要、第 16 号、1990 年。

勝田守一『能力と発達と学習』国土社、1964 年。

窪島務『障害児の教育学』青木書店、1988 年。

窪島務『ドイツにおける障害児の統合教育の展開』文理閣、1998 年。

窪島務『発達障害の教育学』文理閣、2019 年。

窪島務「インクルージョン時代の障害児教育再考（Ⅰ）インクルーシブ教育と SEN」滋賀大学教育学部紀要第 70 巻、173-187、2021 年。

岩淵浩一編『多様性との対話―ダイバーシティ推進が見えなくするもの』青弓社、2021 年。

前田博行・髙橋智「近代日本の学力問題と促進（補償）教育―日本特別学級史研究の批判的検討―」東京学芸大学紀要 1 部門、第 51 集、219-232、2000 年。

Norwich, B., Ylonena, A. and Gwernan-Jones, R. (2012) Moderate learning difficulties: searching for clarity and understanding Research Papers in Education, 1–19.

SNE ジャーナル，27(1)，2021，25 - 35

特　集

# カンボジアにおける
# 特別ニーズ教育調査からの発信

## 間々田 和彦

（カンボジア王国・王立プノンペン大学教育学部）

　本論文では、カンボジアの特別支援教育（カンボジアでは特別教育）の調査研究をおこなう経緯から現状までを概括し、研究上の困難であった点やそこで得られた研究を進める上での課題をもとに報告している。カンボジアはインクルーシブ教育を基本方針としているが、その様相は日本との比較だけではなく、世界的に見ても大きく異なっている。さらに、研究する中で、基礎となる統計の未整備、宗教観が大きく影響していると考えられる障害者観、小学校1年生から適応される留年制度、未就学児が多い知的障害児と自閉症児、継続した研究者の不足、通訳などの諸問題があることを明らかにした。最後に、開発国との比較教育学では、単一の国を対象とするのではなく、東南アジアであればアセアン全体を単位として考える必要性、単に支援を目的とするのではなく調査研究によって得られた新たな成果や視点の日本へ還元する観点を持つことの必要性を示唆した。

キーワード
カンボジア　Cambodia
アセアン　ASEAN
特別ニーズ教育　Special Needs Education
現状　Current Status

# Ⅰ．はじめに

　筆者は、視覚特別支援学校に勤務していたこともあり、大学時代からのカンボジア人の友人からかねてより「カンボジアに平和が戻ったら、カンボジアの特別支援教育（当時は特殊教育）の支援へ力を貸してほしい」と言われていたが、興味や関心はあるものの果たせずにいた。友人はカンボジアの戦火が十分に止む前から、カンボジアと日本を往復し、長い内戦で壊滅した教育の復興の一端として、識字教育や移動図書館の運営、男性に比べて識字率の低い女性の就労支援を主宰していたNPOでおこなっていた。

　2009年にその友人の誘いではじめてカンボジアへ行くことができ、現地の盲学校を訪問し、友人の通訳を介して視覚障害当事者と直接に面談する機会を得た。さらに翌2010年から3年間、筑波大学特別支援教育研究センターへ出向することになり、このセンターがJICAからの委託を受けておこなっていた同じ発展途上国であるボリビア国への特別支援教育支援に関わった。2011年、ボリビア国の特別支援担当教員が来日した際には直接の指導をおこない、翌2012年にはボリビアを訪れ、日本での指導の評価、特別支援担当教員への指導、関係教育諸施設の見学と担当教員などと意見交換することができた（間々田 2012）。

　それと並行してカンボジアの特別支援教育研究のための本格的な実態調査を始めた。こうして、現在に至るカンボジアをはじめとする開発国へ特別支援教育の支援や研究の足がかりができたのである。

# Ⅱ．カンボジア特別支援教育研究の経緯

## 1．はじめに

　2009年のカンボジア訪問以前から、カンボジアの視覚障害児者を中心とした具体的で継続的な支援をおこなうための情報収集と分析を当面の研究目的としていた。その第一段階として、カンボジアの現状を把握するための文献研究をおこなう基礎調査をおこない、第二段階として、現地での障害当事者への聞

き取り調査を手がかりにし、できるだけ多くの特別教育関連施設を訪問しながら、具体的な支援内容を目的とした研究を構想した。

## 2. 先行研究

　2010年の段階では、カンボジアの障害児教育に関する直接の記載のある文献は四本（2009）等、ごく少なかった。カンボジアの教育について、当時のカンボジア教育に関する詳細な記述のある西野（2009）においても、特別支援教育は巻末資料の「12. 教育分野を横断する重要課題」としてジェンダーなどとともに併記された1行が記されているのに過ぎなかった。同著にある翻訳されたカンボジア教育法では、障害児教育関係は第39条に「障害をもつ学習者の権利」が記載されていた。その後、林（2002）の肢体不自由者を中心とした支援についての報告、中西（1996）のカンボジアの障害者についての記載があるのが分かった。

　この当時、カンボジアの障害者全般にわたる各種団体による報告も、NPO法人「幼い難民を考える会」の会報にあった、カンボジアで義肢加工士の資格を取得しカンボジア国内の肢体不自由施設で活動されていた唐沢幸子氏の報告以外に見つけることが困難であった。また、同時期に四本（2009）は法律の分野ではあるが、「これまでのところ、日本ではカンボジアにおける障害者について法的な観点から焦点を当てた学術論文は存在しない」と記載している。特別支援教育についてもこれと同様な状況であると思われた。

## 3. 研究の基本方針

　この段階では、日本国内においても実施できる統計や文献等の捜査、現地では障害児教育関連機関の直接の調査とともに、可能な限りカンボジアの障害当事者への面談を研究の基本とした。研究の最初はこれまでの専門分野でもあることから、視覚障害者を対象とした。視覚障害者は肢体不自由者とともに自らの障害を語ることができる障害当事者である観点もあったからである。

## 4. 2009年調査

2009年12月、カンボジアを訪問し、20年以上にわたりカンボジアの視覚障

害教育、聴覚障害教育を担ってきた国際NGOクルサトマイが運営する盲学校・聾学校が併設されたクルサトマイ・プノンペン校を見学した。さらに、その年の6月に王立プノンペン大学社会科学部言語学科を卒業したカンボジアで初めての障害者である全盲者へ面談し、カンボジアの視覚障害者に関する多くの知見を得た。特に、白杖を使った単独歩行の機会がほとんどないこと、教科書の点訳等の大学での学習保障については出身校のクルサトマイ・プノンペン校が行っていること、現在も自宅から通学する者を除く他の視覚障害大学生と同様に同校敷地内で生活していること、などである。今回の面接調査では、同行したのが全盲で障害当事者であったことも、多くの回答が得られた背景があると考えられた。

### 5. 2010－2016年調査

　この期間は、まず、教育・青少年・スポーツ省（Ministry of Education Youth and Sports：以下MoEYS）教員養成局を訪問し、担当者からカンボジアの障害児教育や関連機関についての情報、2011年に実施した教員研修で用いた資料等を入手した。さらにその情報を元に、前述のクルサトマイ・プノンペン校をはじめとし、プノンペン市内にある知的障害施設のRabbit School、Komar Pikar Foundation（現在、活動を終えている。以下KPF）、社会保健省管轄の義肢装具士養成校のEXCEED（旧カンボジア・トラスト）、同じく社会保健省管轄の重度障害児施設のNational Brei、カンダール州タクマウにある自閉症専門機関で病院に併設されているCentre for Child and Adolescent Mental Health、プレイベン州にある肢体不自由療育施設のPrey Veng Rehabilitation Center（以下、PVRC）、クルサトマイと教育省が連携して運営したカンポット州のインクルーシブ教育実験校、ポーサット州にあるDisability Development Services Program（以下、DDSP）が運営する2010年当時カンボジアで唯一の特別学級など、主な障害児教育関連機関の実態調査と担当者との情報交換をおこなった。この期間には障害当事者との面談は、肢体不自由者、視覚障害者であった。

　これらの調査結果は日本特殊教育学会やSNE学会で報告したほか、筑波大学特別支援教育研究センター紀要（間々田 2012、2013、2014）などで報告した。

## 6.　2016－2021年

　2016年、MoEYS内に小学校教育課から分離独立した特別教育課が発足した。発足後間もない同課を訪問し、担当課長と面談した。2017年には、旧クルサトマイやラビットスクールを母体に国立特別教育研究所（The National Institute for Special Education：NISE）が組織として発足し、2019年3月に学校組織を含めて完全に国へ移管した。そのため、これまで卒業資格を得るため地域の小学校中学校高等学校にインテグレーションとして学んでいたことが終了した。この期間には、これまで調査した諸機関の再調査として、Rabbit SchoolやKPFが運営していたインテグレーション学級、MoEYSが唯一認可している知的障害学校カンダール州タクマウにある知的障害学校Hands of Hope Community（HHC）を調査した。そのほか、カンボジアで障害当事者が運営するただ1カ所の生活自立センター：Phnom Penh Center for Independent Living（PPCIL）とPPCILが経営する食品加工会社のほか、主な障害児教育関連機関を再訪問し、その実態や経年変化を調査した。

　調査結果は、学会や研究会での発表のほか、カンボジア障害児教育の現状を紹介した唯一の書籍である間々田・黒田（2017）に掲載した。

## 7.　カンボジアの特別支援教育研究の現状

　カンボジアの特別支援教育の現状は、視覚障害・聴覚障害では旧クルサトマイ時代から専門的な教育が実施されているものの、他の障害種では十分とはいえない。カンボジアでは、インクルーシブ教育を教育の基本としており、この間、関連する法律の整備やインクルーシブ教育普及のための各種研修も数多く行われてきた。しかしながら、その成果は十分とは言えない。一例をあげると、ラビットスクールのホームページで紹介されていたインクルーシブ教室は、公立小学校内に設置されていたものの別校舎であり、同一敷地内の小学校の教職員、児童とも交流はない。活動を終えているKPFが運営していたプールセイ小学校や、2013年にカンボジアで唯一の特別支援学級がDDSPによって設置されていたポーサット州のプレイニャイ小学校でも同様であった。

　また、2020年12月、「モデル地域での実践強化および、評価制度の確立を通した、障害児のためのインクルーシブ教育普及事業」が令和2（2020）年度日

本NGO連携無償資金協力に採択された。これは国際NPO難民を助ける会
（AAR）が連携団体となって始まったものである（AAR 2020）。担当者からの
情報提供では、いわゆる特別なニーズを持つ子どものニーズを活かしながら普
通学級に学ぶのが中心ではなく、ラビットスクールやKPFのように同一敷地
内で普通学級と特別支援学級を併存していた。この特別学級へは、日本の通級
のように、周囲の小学校から希望する小学生が通学している。

## Ⅲ．研究途上での困難とそれを乗り越える取り組み

ここでは5つの壁とそれを乗り越える取り組みを提案報告する。

### 1．統計の問題

政府の統計に無国籍者の実数が把握されていないように、カンボジアでは基
礎となる人口調査が十分になされていない現状がある。そのため、カンボジア
の障害児者を対象とした研究の課題は、障害児者数もまた十分に信頼できる集
計を元にしたものであるかの保障がない。

統計上の障害区分も障壁の一つであった。どの障害種がどのようになってい
るかを把握できなければ、支援とするときの基礎的な数値を得ることができな
いのは当然である。公刊されている統計資料の障害区分はNational Institute of
Statistic、Ministry of Planning（2010）を翻訳し整理した表1の通りであるが、
最も大きな問題点は、どのようにこの障害を規定し、その障害の程度をどのよ
うに規定しているかの記載がないことである。これはもちろん、日本の障害区
分を直接に取り入れようとしているわけではないが、ここには、知的障害も病

### 表1　カンボジアの障害区分と統計

|  | total | Seeing | Speech | Hearing | Movement | mental |
|---|---|---|---|---|---|---|
| 先天性 | 61,151 | 24,816 | 10,994 | 5,957 | 12,212 | 7,172 |
| 後天性 | 131,387 | 32,893 | 5,709 | 9,304 | 66,421 | 17,060 |
| total | 192,538 | 57,709 | 16,703 | 15,261 | 78,633 | 24,232 |
| ％ | 100.0 | 29.97 | 8.07 | 7.09 | 40.84 | 12.59 |

この調査が実施された2008年のカンボジアの人口は15,578,000人

弱もない。MoEYSも統計を出しており、その区分ではvisual、hearing、speaking、writing、physical、learningとあり幼稚園から高等学校3年生までの数が記載されているが、その判断基準などは不明である。2017年に実施されたとされる障害者の実態調査では、自閉症や知的障害を入れた10種類以上の区分に基づいているとの情報があるものの、2021年2月現在、未だに公刊されていない。

　障壁を乗り越える取り組みとして、引き続き、様々なソースによる統計の収集を行い総合的に判断するほか、この問題への解決はないと考える。

## 2.　カンボジア人の障害者観

　カンボジアの国教である上座部仏教の教えには、四本（2009）、中西（1996）が報告しているように「障害はカルマによる」という障害者観がある。また、障害があることは「アンラッキー」との捉え方がある。一例として、僧侶は人々に良いことを教えなければならないため、僧侶になったあとに失明した場合には僧侶を続けることができるが、先天盲の視覚障害者（全盲）は僧侶になれないと、PPCIL主宰のメイ・サミス（Mey Samith）氏が私との聞き取り調査の中で述べている。

　さらに、「障害は個人の問題であり社会全体で考える問題ではない」（原田2021）と前述のサミス氏が言うように、今なお障害当事者の中でもこれは広く認識されており、障害者をケアするのは家族と隣人や友人達に限るようなケースも多い。このことから、障害のあることがわかっても家外に出さずにケアを受けていないケースが多いと十分に推測される。このことは、障害者に関する統計への反映をさらに困難なものにしていることは言うまでもない。

　また、カンボジアでは「障害者は社会の構成員として機能しないという認識や慣例が存在し、障害者の能力が認知されていないことである」（国際協力事業団国別障害関連情報2002）との現状がある。

　障壁を乗り越える取り組みとしては、学生などへのインタビューにおいても障害者をほとんど見たことがないとの回答があるように、障害者の存在を認知することから始まるように思える。

### 3. 知的障害と発達障害

　カンボジアでは、統計上の障害者区分として「視覚障害」「聴覚障害（聞く、話す)」「肢体不自由」「精神障害」としているように、知的障害を「障害」として十分に認識されていないと考えられる。たとえが適切ではないが、走るのが速い子どもいれば遅い子もいると同じように、知的レベルを捉えていると考えられる。そのため、当然のことであるが、カンボジアでは知的障害と自閉症を区別できる人材が少ない。ある自閉症専門機関でのアセスメント場面で、大学で心理学を専攻したある指導者から「この子は木から落ちて自閉症になった」との説明を受けた経験や、アメリカの自閉症児へのプログラムを十分に理解できずに内容をその専門機関独自に改変している場面を確認している。また、自閉症の原因をスマホの使用にしている例も少なくない。知的障害や自閉症への正しい知識と理解のための啓蒙活動は教育省からも呼びかけられているが、十分ではないのが実情である。

　知的障害と発達障害の区別がつかないだけではなく、障害者の認定が不明確であることも大きな問題であるが、知的障害発達障害の専門家が少なく、標準化された知能検査がないことが大きく影響しているだろう。そのため、専門家養成と、標準化された知能検査を作ることが急務であると考える。


### 4. 研究者不足の克服

　インターネットで「カンボジア　障害児教育　特別支援教育」等を検索すると、NGOによる多くの団体の活動がカンボジアで活動していることはできるものの、カンボジアの特別支援教育関連での日本の研究者は数少ないのも現状である。もちろん、英文までの検索をおこなったが、継続して研究している研究者も見当たらない。これは限られた研究者の観点でカンボジアの特別支援教育を伝えることになり、研究を進める上でふさわしくないと考える。

　この課題に対しては、これからも近隣諸国を対象としている研究者との連携、NGOなどの活動の集約があるだろう。しかしながら、なによりも多くの方々へカンボジアの特別支援教育へ興味関心を持っていただけるように発信を続けていくことしかないと考える。

## 5. 通 訳

　発展途上国を対象とした研究では通訳が不可欠になる。しかしながら、通訳がどのように通訳しているかは、残念ながら明確にはわからないのが現状である。当初、カンボジアで調査する際には、日本語からクメール語への通訳者を確保していたが、質問の趣旨をくみ取れていないケースも多々あったように思われた。調査を進める中で、NISEをはじめとする特別支援教育関連施設では英語が堪能なスタッフが多く所属していた。専門用語は英語でやりとりができるので、近々の調査では、日本語−クメール語の通訳ではなく、英語−クメール語の通訳を確保している。

## Ⅳ. 発展途上国を対象とした比較教育学の課題

## 1. 研究目的の検討

　これまでの発展途上国を対象とした研究の大きな目的は、対象国（地域）支援内容を、現状を踏まえる中で明確にすることではなかっただろうか。日本や欧米を基準として、発展途上国の足りなさを根拠に支援を構築する時代は過ぎたのではないだろうか。その国の歴史的背景や文化的背景を踏まえた上で、現地の人的資源や物的資源をできる限り調査し、それらの資源を元に、その国の現状を踏まえ、支援の期間のあともその国が独自で継続できる支援が求められている。現在、私たちのグループ（一般財団法人カンボジアこども基金きぼう）が進めているプロジェクターを活用した視聴覚教育の展開（間々田 2020）や、福祉車両をカンボジアへ寄贈するのではなく、カンボジア国内で福祉車両を製作する福祉車両自走化計画のための調査研究はその実践例と言えよう。

　また、ある発展途上国とその周辺地域を支援の対象としたとき、その国だけを対象とするのではなく、その周辺地域への広がりを見通す視点も必要であろう。例えば、カンボジアを対象とした場合、ASEAN全体を見ながらの研究の観点である。もちろん、単に周辺国との比較をすることが目的ではなく、周辺地域の中で他の国をリードしていく内容があれば、それを指導することによりそこからその周辺地域への普及をはかる視点である。これまでの調査研究の中で、肢体不自由の分野では、カンボジアPVRCのCBRを中心とした実践がベ

トナムなどの周辺諸国だけではなく日本をしのぐものであり、容易に周辺諸国
への広がりが期待されていた（間々田・黒田 2017）。

## 2.　新たな発見

カンボジアの医療事情を調査する中で、ある医療関係者から「カンボジアで
得られた知見をどのように日本へ還元するかが、今の私たちの課題の一つであ
る」との言葉があった。もちろん、還元だけを目的とするわけではないもの
の、これは特に発展途上国を対象とした比較教育学を考えるとき重要な言葉で
はないかと考える。

この言葉は研究過程の中で直接に関係したものではなかったが、単に支援の
ための比較をするだけではない視点を持つことの重要性を得た。さらにカンボ
ジアで特別支援教育関連の調査を進める中で、こうした観点をもつことで新た
な見方を頂戴したと実感している。自戒を込めて、研究結果を単に比較するだ
けではなく、どのように日本へ還元できるかの視点を加え、いつまでも一方向
的な支援のための研究に陥らないようにすることが求められる。

### 文献

AAR（2020）令和 2 年度日本 NGO 連携無償資金協力署名式典（https://www.kh.emb-japan.go.jp/files/100127233.pdf、2021 年 6 月 19 日接続）

千葉たか子編（2003）途上国の教員教育、国際協力出版会、p.30

Disability Development Services Program（DDSP）Sans titre, ddspcambodia.org（2021 年 6 月 19 日接続）

Exceed　Cambodia — Exceed Worldwide, exceed-worldwide.org（2021 年 6 月 21 日接続）

Hand of Hope Cambodia, www.hhccambodia.org（2021 年 6 月 21 日接続）

原田真之介（2021）障害当事者のライフストーリーを通じたカンボジア社会の現状、地域ケアリング、Vol.23 No.4 p.67

林民夫（2002）あさやけのクメール、中央法規、p.73

国際協力事業団（2002）国別障害関連情報カンボディア王国、p.7

古山萌衣（2016）カンボジアにおける障害児教育政策の展開、名古屋市立大学大学院人間文化研究科人間文化研究、No.25、p.119

Ministry of Education, Youth and Sport Education Statistics and Indicators Community Pre-School 2018-2019, moeys.gov.kh（2021 年 6 月 19 日接続）

中西由紀子（1996）アジアの障害者、現代書館、p.57

National Institute of Statistic, Ministry of Planning（2010）General Population Census of Cambodia 2008 Analysis of the Census Results Report 5 DISABILITY

西野節男編（2009）現代カンボジア教育の諸相、東洋大学アジア文化研究所・アジア地域研究センター、p.388

間々田和彦（2012a）カンボジア国の特別支援教育報告①、筑波大学特別支援教育研究、No.6、p.37

間々田和彦（2012b）南米における特別支援教育に関する研究（その3）―南米ボリビア国の視覚障害児への教育について―、日本特殊教育学会第50回総会発表論文集、P4-E-9

間々田和彦（2013）カンボジア国の特別支援教育報告②、筑波大学特別支援教育研究、No.7、p.70

間々田和彦（2014）カンボジア国の特別支援教育報告③、筑波大学特別支援教育研究、No.8、p.41

間々田和彦（2020）プロジェクターによる開発国への教育基盤整備―カンボジアでの実践から―、日本科学教育学会第43回総会発表論文集、pp.631-632

間々田和彦・黒田学（2017）カンボジアの障害児教育の実情と課題、黒田学編、アジア・日本のインクルーシブ教育と福祉の課題所収、クリエイツかもがわ、p.80

Rabbit School：Home — Rabbit School Organization, rabbitschoolcambodia.net（2021年6月18日接続）

The Phnom Penh Center for Independent Living Phnom（PPCIL）：www.ppcil.org（2021年6月19日接続）

四本健二（2009）カンボジアにおける障害と開発、小林昌之編、開発途上国の障害者と法・法的権利の確立の観点から調査報告書、第4章、アジア経済研究所

漆原克文（2009）カンボジアにおける障害者福祉の新たな展開について、海外社会保障研究、No.166、p.38

吉田尚史（2009）カンボジア王国の精神医学・医療についての報告、Kyoto Working Papers on Area Studies :G-COE Series 2009 京都大学東南アジア研究所、http://hdl.handle.net/2433/155761（2021年6月21日接続）

36　　　　　　　　　　SNEジャーナル，27(1)，2021，36－47

**特　集**

# アメリカ研究からみた特別ニーズ教育の地平

千賀 愛

（北海道教育大学札幌校）

　本稿では、特別ニーズ教育分野におけるアメリカ研究の可能性を比較研究の観点から論じることを目的とした。次の4つの視点を設定した。①アメリカ研究への問題意識の醸成、②研究経緯とテーマの探究、③アメリカ研究からみた特別ニーズ教育の論点、④比較研究からみた特別ニーズ教育の可能性。第3の視点については、近年のインクルーシブ教育の推進とともに活発に研究が取り組まれている3つのテーマの動向をとりあげた：(1) インクルーシブ教育の財政問題と平等性、(2) 障害を含む二重に特別な背景をもつ子どもの教育保障、(3) 通常の学校・学級における一般教員・生徒の価値観や雰囲気・態度の形成といった文化的側面。特別な教育的ニーズは国の制度だけでなく社会的・文化的側面から影響を受けながら常に変化している。インクルーシブ教育が推進されるほど、複数の特別なニーズをもつ子どもへの支援や理解を進める必要があり、また同じ障害や同じ特別なニーズをもつ子どもが自主的に集まる機会や教育的措置の選択権を保障することが重要になってくる。アメリカ研究から日本の特別な教育的ニーズをもつ子どもたちが置かれた状況をみることで、自国の制度の枠組みでは解決できない問題やニーズに対する批判的・建設的な視点や思考の枠組みが提供されることを期待している。

キーワード

アメリカ合衆国　United States of America
インクルーシブ教育　Inclusive Education
特別ニーズ教育　Special Needs Education

# Ⅰ．アメリカ研究への問題意識の醸成

　本稿では、課題研究の一環として特別ニーズ教育分野におけるアメリカ研究の可能性を比較研究の観点から論じることを目的とし、①アメリカ研究への問題意識の醸成、②研究経緯とテーマの探究、③アメリカ研究からみた特別ニーズ教育の論点という3つの視点から検討する。

　筆者が大学に入学した1994年は国連でサラマンカ声明と行動大綱が採択された年であり、翌年の1995年に日本特別ニーズ教育学会が発足、この年に日本で通級による指導が制度化され、特殊学校・学級を中心に運用されてきた日本の特殊教育行政も大きな転換点を迎えていた。

　SNEジャーナルの創刊にあたり代表の清水貞夫氏は次のように述べている。「教育という事象くらいグローバルな事象はないであろう。各国の文化・政治・経済状況が異なることから、教育はナショナルに論及されなければならいのは当然である。だが、それと同時に、教育という事象はインターナショナルなものであるから、インターナショナルな論及も欠くことができない」（清水貞夫：1995, p.4）。

　遡ってみれば幕末に、欧米の「盲・聾教育」を中心に特殊教育事情が日本に紹介され、明治初期の特殊教育の形成に影響を与えており（加藤・中野：1991）、障害という世界共通の事象は比較教育の領域として早くから研究領域であったともいえる。

　筆者は学部生時代に参加したSNE学会や訪問したスウェーデンや米国カンザス市の社会福祉施設や特別学校の経験を通して、同じ障害名でも支援や教育のシステムが大きく異なることに衝撃を受け、外国研究に関心を持つようになった。

　筆者の卒業論文では教育学者ジョン・デューイがシカゴ大学の附属小学校の教育実践を中心に子どもの発達・成長や学習の困難・ニーズに応じる教育的対応の検討を行った。特殊教育の教員養成に貢献したいという思いから進学した大学院の修士課程から博士課程にかけては、シカゴ大学Regenstein図書館の貴重資料室（Special Collection）やデューイがシカゴ大学から移動した先のコ

コロンビア大学の図書館を訪問した。シカゴ大学では実験学校教師による実践記録（Work Reports）の複写は厳しい枚数制限のため訪問時はノートに書き写すことに苦労したが、結果として資料を読む時間になった。

　実験学校の近くの学生寮に宿泊し、2週間程度の滞在を何度か繰り返すうちに、内陸部に特有の冬の厳しい寒さや巨大なミシガン湖の存在感、明るく逞しいシカゴ市民の暮らしを体感し、実験学校の教育実践やシカゴ市教委の資料の文化的・社会的文脈を理解する一助となった。その後、実験学校の実践記録はデジタル化されて公開されたが、大学のアーカイブス資料である人事・予算記録や理事会資料、デューイを含む大学教員の書簡など、デジタル化にそぐわない資料も多く、現地調査が欠かせない。

## Ⅱ．研究の経緯とテーマの探究

　筆者は2003年に博士論文「デューイ教育学と特別な教育的配慮のパラダイム―実験学校と子どもの多様なニーズ・困難への教育実践―」を提出し、2009年に刊行するまでの間、デューイが子どもの発達の個人差や成長に伴って生じるニーズへの対応を求めたことの背景を探るため、デューイの大学院時代の恩師であった心理学者のG.S.ホールを調査対象に移した。ホールが学長を務めていたマサチューセッツ州にあるクラーク大学図書館の貴重資料室を何度か訪問し、Hall Papers（史料集）やWorcester市立図書館の関連資料を収集し、Worcester市の1890‐1910年代の公立学校における学習困難児や異常児への対応を検討した（千賀, 2013）。

　こうした特別ニーズ教育史研究に取り組む一方で、現代のインクルーシブ教育に関する国際的な視野を広げつつ（千賀: 2016, 2020a）、共同研究でドイツの障害児者の身体活動やスポーツ場面の調査を行ってきた（安井・千賀・山本: 2012, 2019）。自身の米国の歴史研究とドイツの障害児者スポーツ・余暇の研究は、明確な関連が見いだせずにいたが、2016年8月の世界教育史学会（ISCHE）のシカゴ大会の全体テーマ「身体と教育」に関連する発表を行い、改めて特別なニーズをもつ子どもの身体活動に着目することとなった。

　教育史の分野では近年の認知神経科学者や情動・感情に関する研究者が提示

した論点に強い関心が集まり、学習における身体性が現代的な教育の議論を呼び起こしていた（Rousmaniere and Sobe: 2018）。筆者が関心を寄せる19世紀末から20世紀初頭には、運動や身体的な活動が教育実践に導入されたことで規範的な身体が形成され、そこから除外される移民、障害児、病弱児、行動問題のある子どもが可視化された。

その一方で、感染症の予防や身体の変形の予防、身体的成長のための学校保健や体育・体操が普及し、子どもが身体的な活動を行う校庭を設置する運動（Playground Movement）や児童保護運動が展開された（Frost: 2010）。筆者は体育と健康問題を中心に「身体」を捉えてきたが、これを機に身体表現を伴う演劇や学校に校庭を設置する運動、余暇スポーツの歴史的展開にも視野を広げるに至った（千賀, 2020b）。

## Ⅲ．アメリカ研究からみた特別ニーズ教育の論点

近年のインクルーシブ教育の推進とともに、①インクルーシブ教育に関する財政問題と平等性・アクセシビリティ、②障害を含む二重に特別な背景をもつ子どもの教育保障、③インクルーシブ教育を進める通常の学校・学級における一般教員・生徒の価値観や雰囲気・態度の形成といった従来は曖昧な部分とみなされた文化的側面に関する研究が注目を集めている。以下に上記の3つのテーマに関する国際的な研究書からアメリカ研究に関する内容をとりあげる。

### 1. インクルーシブ教育の財政問題と平等性・アクセシビリティ

米国は1776年の建国当初から移民国家であり、人口統計や労働統計、教育統計や教育委員会の資料では、米国内生まれと外国生まれや移民の出身国、人種などの情報が常に公開されてきた。このため経年的な変化や州内外の地域別の比較も可能であり、教育予算や学力調査と照らし合わせると格差や不平等の背景が浮き彫りになる。

2018年時点の50州内で特殊教育対象者が6－21歳の就学人口に占める割合は、6.5％のハワイ州や7.6％のアイダホ州に対して、最も高いメイン州では13.1％、次いでニュージャージー州の12.5％やニューヨーク州の12.4％と各州

で大きな開きがある（U. S. Department of Education: 2021, pp.131-132）。イン
クルーシブ教育の観点からみると、6 – 21歳の特殊教育の対象者のうち、1日
の8割以上を通常学級で過ごす割合の全米平均は64%であるのに対して、平均
より10%以上高いアラバマ州（83.6%）・ネブラスカ州（78.2%）・ヴァーモン
ト州（77.9%）・コロラド州（75.5%）の一方で、ハワイ州（43.9%）・ニュー
ジャージー州（45.1%）・ニューメキシコ州（48.9%）のように4割台の州もみ
られる（ibid., pp.148-149）。また日本では知的障害は通級による指導の対象外
だが、6 – 21歳の知的障害児童生徒のうち48.6%が通常の学級に在籍し、その
半数近くの51.7%は1日のうち40 – 79%を通常の学級で過ごしている（ibid.,
pp.156-158）。

　日本の我々からは、米国の特殊教育が対象とする年齢幅の広さや対象児の比
率の高さだけでも充実した政策のように思えるが、実際にはどのような問題が
あるのだろうか。米国全体の特殊教育政策の展開と課題を検討した吉利
(2019)は、特殊教育の資格認定における障害カテゴリーの変化（特異的学習障
害の減少）や連邦政府における各州への補助率の低さに起因する慢性的な財源
不足、特殊教育の教員の不足と免許制度改革を特徴として指摘している。

　Cataniaら（2021）は、2015年の連邦法「すべての生徒が成功する初等中等教
育法（The Every Student Succeeds Act: ESSA）の成立に前後して2012-2017年
の教育財政の状況を分析し、障害生徒一人当たりの連邦予算の支出額の割合が
最大4割まで支出可能とされるにもかかわらず16 – 15%という低水準で推移
し、インクルーシブ教育の担い手である教員養成に対する連邦予算も削減され
たと指摘している。現職の通常学級の担任や管理職も含めた教員養成・研修プ
ログラムはさらなる連邦予算の削減も検討されているという（Catania et al.:
2021）。特殊教育における連邦予算の支出率の低さは、財政が豊かな州と厳し
い州の教育条件の格差を引き起こし、同じ国内でどこまでの地域間格差が許容
できるのか、厳しい目が向けられている。

　特別ニーズ教育・インクルーシブ教育の財政問題は、多くのヨーロッパ諸国
でも直面しており、持続可能なバランスの担保には一つの正解があるわけでは
ない（Meijer & Watkins, 2019）。

　2021年6月25日にはバイデン大統領が「連邦政府職員における多様性、平

等性とインクルージョンに関する大統領令」に署名し、人種的マイノリティや障害者、宗教や性的マイノリティといった差別に直面する人々に対して、連邦政府や関連事業者の採用・雇用のあらゆる段階でアクセシビリティ（accessibility）を確保する具体的な計画を発表した。連邦政府は米国で最大の雇用主であり、米国内における多様性が差別や対立を生み出している構図にどのように影響を与えることができるか、注視する必要があるだろう。

## 2. 複数の特別なニーズをもつ子どもの教育保障

米国ではインクルーシブ教育が進展する一方で、障害とジェンダーやLGBTQ、発達障害と才能児、障害と人種的・言語的マイノリティのように複数の特別なニーズを持つ子どもの教育保障の問題が活発に研究されている。

はじめに才能児と障害についてとりあげる。関内（2021）は「アメリカにおいて才能教育の量的拡大と質的転換が明確に見られるようになった1980年代以降」の展開について、1990年代以降に世界的に広まった特別ニーズ教育とインクルーシブ教育概念の影響や2004年に修正されたIDEAにより「二重に特別な（twice-exceptional: 2E）」が法的な位置づけを得たことにより、通常教育においても才能教育が拡大したと指摘している（p.17&p.164）。才能児は特有の困難さや不安を抱えており、さらに学習障害や自閉症スペクトラム等の発達障害に起因する特別なニーズも併せ持つ場合には、日本の特別支援教育の枠組みでは対応が困難であり、アメリカ研究の蓄積や知見が待たれる領域である。

次にとりあげるのは、障害と人種的マイノリティという二重の背景である。連邦教育省の報告書によると、2018年の6歳から21歳の特殊教育の障害別の人種構成は、知的障害で最も多いのはアフリカ系/黒人9.7%に対して白人は5.8%と本来の人種構成比とは逆転している（U.S. Department of Education: 2021, p.51）。これは何を意味するのだろうか。Sacks（2019）によれば、米国では特殊教育の対象者に占める黒人の割合が本来の人種構成より高く、より制限の多い分離された環境で教育を受けている。さらに黒人の生徒は高校の中退率が高く、黒人の男子生徒は過剰に特殊教育に措置される一方で、才能教育の対象としては過小評価されているという（ibid.）。

Sacks（2019）は連邦政府の統計資料や先行研究を検討し、白人の女性が多数

を占める教師には、文化的なバイアスがかかり黒人生徒への期待が低くなり、通常の学級で彼らへの行動管理が厳格化し、その結果として過剰に特別教育へと押し出されるという。高校の中退や特別教育からのドロップアウト[1]した生徒が他の生徒と比べて3倍の確率で刑務所へ収監されるという「学校から刑務所へのパイプライン」の形成へと行き着く（ibid.）。この問題を打開するため、カリフォルニア州オークランドでは黒人男子生徒に特有の低学力や学習障害、情緒・行動問題への対応として、2012年にはチャーター・スクールの高校が設立され、イリノイ州シカゴ市でも2006年に同様の趣旨の高校が複数設立された（Sacks, pp.81-82）。このように人種的対立や差別、経済的格差や政治的な分断、障害によるスティグマ（烙印付け）の問題は根深いが、米国各地で独自の新たな取り組みも始まっている。

　3つめの複数の特別な背景の組み合わせは、障害のある有色人種の女子というジェンダーにも関わる内容である。米国の研究者で元パラリンピック選手のForber-Pratt（2017）は「有色人種で女性の障害者でもある」自らの経験を叙述するオートエスノグラフィ研究に取り組み、インドで過ごした貧困下の困難な状況では自身を「障害者」としてしか認識していなかったが、米国の学生生活やその後の障害者スポーツやガーナでの支援活動を通じて、自らのアイデンティティに女性や有色人種（person of color）、そして養子という複合的なアイデンティティを形成することができたとしている。Annamma（2018）は「複合的に周縁化された有色人種の女子」（multiply-marginalized girl of color）に焦点を当てたナラティブ研究を行い、黒人やヒスパニック系を含む十代を中心とした10人の収監経験者へのインタビューを通して、米国の特別教育や社会における深刻な問題の側面を明らかにした（p.15）。複数の複雑な背景を持つ子どもに対する学校や警察を含む対応の在り方は「病理化する教授法（pedagogy of pathologization）」であるとし、その特徴は「過剰な監視（hyper-surveillance）」「過剰なラベリング（hyper-labeling）」「過剰な罰（hyper-punishment）」の3要素から構成されると分析している（Annamma: 2018, pp.13-14）。

　このように障害と人種的マイノリティの研究は、質的研究によって研究が蓄積され、特別ニーズ教育の重要な領域として成立しつつあるといえる。米国における複数の特別なニーズに関する研究から、日本における中退者や不登校の

背景、外国につながる子どもの不就学や教育問題、少年院や児童保護施設における矯正教育の課題は既存の学校教育・特別支援教育の枠組みでは解決できず、特別ニーズ教育の課題であることが示唆された。

## 3.　インクルーシブ教育の文化的側面と自己決定

　2006年12月に国連で障害者権利条約が採択され、2021年3月時点で批准国が182か国・地域に広がり（United Nations: 2021）、インクルーシブ教育や合理的配慮の取り組みが世界的に推進されてきた[2]。

　インクルーシブ教育を可能にする法整備や障害に応じた合理的配慮の義務づけが各国で進むなかで、未解決の課題として通常学級の教師の専門性や人間性が周囲の子どもの価値観や態度、雰囲気に影響を及ぼすことが指摘され、障害者に対する周囲の人々の態度や文化的側面が注目されるようになった。障害のある子どもが学校における様々な活動への参加する際には、教師による障害への配慮や支援だけでなく、周囲の子どもとの良好な関係性を形成・維持することが不可欠だからである。

　カナダや英国、アイルランドや米国における人々の障害者に対する態度研究を検討したTanら（2019）は、地域社会においては否定的（negative）な態度が残っていると指摘している。またインクルーシブ教育の国際比較研究に取り組むHalderら（2017）は、世界的に障害者の権利保障の状況は改善されつつあるものの、いまだに障害の診断を受けない子ども、誤診断や必要な支援サービスを受けられない子どもが多く、その国や地域の社会規範や文化規範が障害者に対する環境的・文化的障壁（barriers）になっていると懸念している。

　米国では教師の無理解や差別的な態度を背景として過剰に分離的な措置を受ける子どもがいる一方で、フル・インクルージョンの限界も指摘されている。テキサス大学のMuster（2017）は、女性で障害のある自身の経験について、「異なる能力のコミュニティ」で環境的・社会政治的・経済的障壁に直面しながら大学のキャンパス利用や雇用に至るまで苦労の連続だったと述べている。しかし一方で専門家の支援を受けつつも、共通した背景を持つ人々が「異なる能力のコミュニティ」を形成し、お互いの経験を語りながら時間と場所を共有することで、社会への新たな関わり方の萌芽となりうるとしている（Muster,

2017)。同じ障害や文化的・人種的背景、ジェンダーやLGBTQなどの背景を持つ人々のゆるやかな組織は、自己決定、エンパワメント、インクルージョンを促進し、様々な障壁を取り除く一助になることが期待されている（ibid.）。

　インクルーシブ教育や社会的インクルージョンにおいて、同じ障害や背景をもつ人々が集まることは、新たな分離ではないかとする見方もあるだろう。では、「障害のある人々が集まってイベントを開いたり」「Spelmanのような伝統的な黒人カレッジや在学者全員がろう者のGallaudet大学は、烙印付けされた分離の例として考えるべきなのだろうか？」（Van der Klift & Kunc, 2019, p.54）。

　Van der Kliftら（2019）によると、同じ障害をもつ人々の集団であるというだけでは、分離（segregation）の根拠として不十分であり、「分離」と同じ障害や特別なニーズを持つ者の「連帯」（solidarity）の違いは、誰が決定権を持っていたかという強制（enforced）と自主的（voluntary）参加の違いである（p.52）。教師や指導者が参加を強いるのではなく、本人が自己決定により選んだ場がスポーツや音楽・演劇などのクラブ活動、特定のテーマを語り合うサークル活動の場合、文化の担い手として主体的に活動に参加しており、分離ではなく連帯や交流であるといえるのではないだろうか。

## Ⅳ．比較教育からみた特別ニーズ教育の可能性

　サラマンカ声明から20周年を記念して出版された国際的な研究書のなかでKiuppisら（2014）は、1994年以降のインクルーシブ教育研究は3つの主要な論議に分けられるという。

　その第一は、通常教育において特別な教育的ニーズに応じる際に、国連の障害者権利条約を念頭に障害が優先的な位置づけを占めるインクルーシブ教育を志向するものであり、米国の研究者に多い立場である。

　第二は、特別な教育的ニーズを伝統的な障害に限定せず、最も弱い立場にある子どもや周辺化された子どもをグループ化して対応し、インクルーシブ教育がすべての者を包括しようとするものである。

　そして第三の立場は、英国に代表されるノンカテゴリーのアプローチであ

り、インクルーシブ教育を目指して通常学校の改革を促してきた（pp.2-3）。ここでは米国と英国の2か国しか直接言及されていないが、日本を含む他の国がどのタイプに該当するのか、特別ニーズ教育の比較研究として議論の余地があるかもしれない。

　本稿で検討したアメリカ研究の動向から、米国ではインクルーシブ教育が推進されるなかで、複数の特別なニーズをもつ子どもへの対応が課題となり、当事者研究を中心に障害児者における多様性が提起されていた。また、共通の背景や特別なニーズをもつ人々が自主的に集まる活動や就学先・教育措置を選択する権利を保障する重要性も示唆された。50州から成る米国は、同じ連邦法の下でも州ごとに教育法や障害児者福祉のシステムが異なり、歴史・政策・実践のいずれをとっても一人の研究者がカバーできる研究対象ではない。今後の国際的な比較研究やアメリカ研究に取り組む研究者には、本稿を通して比較研究の魅力を感じ取る機会になれば幸いである。

### 付記

　本研究は2019－2022年度科学研究費・基盤研究C「アメリカ進歩主義期における特別なニーズのある子どもの身体活動に関する史的研究」（代表：千賀愛，No. 19K02924）の補助を受けた。

### 注

1)　14－21歳における特殊教育対象者のドロップアウトには、支援を受けながら通常の高校に通って中退した場合だけでなく、在籍可能な年齢を超えても高校や特別学校で特定の資格を得ることができずに卒業した場合や在学中に死亡した場合などが含まれている。2017－18年度における14歳から21歳の全障害のドロップアウト率の平均は16.0％であり、2008－09年度の22.4％より減少しているが、障害種によっては情緒障害32.4％と高い比率になっている（U. S. Department of Education, 2021 p.72）。

2)　米国は2009年に障害者権利条約に署名したが、2012年12月には連邦上院で批准の検討を行ったが可決に必要な三分の二に対して5票足りず、議会を通過することに失敗した。その後も同条約を支持する議員や障害者団体は将来の批准に向けて働きかけを続けている（U.S. International Council on Disabilities, 2021）。

### 文献

Annamma, S. A.（2018）The Pedagogy of Pathologization: Dis/abled Girls of Color in the

School – prison Nexus. Routledge.

Catania, N., Lane, D., Semon, S., Smith, S. and Jones, P. (2021) What's in the Budget?: A Look at Funding for Inclusive Initiatives in ESSA and IDEA, In Goldan, J., Lambrecht, J., Loreman, Tim, (Ed.), Resourcing Inclusive Education, International Perspectives on Inclusive Education,Vol.3, Emerald Publishing, pp.35-49.

Forber-Pratt, A. J. (2017) "Not Everybody Can Take Trips Like This": A Paralympian's Perspective on Educating About Disability Around the World. In Halder, S. and Assaf, L.C. (Ed.), Inclusion, Disability and Culture: An Ethnographic Perspective Traversing Abilities and Challenges (pp.59-88). Inclusive Learning and Educational Equity 3, Springe.

Frost, Joe L. (2010) A History of Children's Play and Play Environments, Routledge.

Halder, S., Assaf, C. L. and Keeffe M. (2017) Disability and Inclusion: Current Challenges. In Inclusion, Disability and Culture (pp.1-11), Springe.

加藤康昭・中野善達 (1991)『わが国特殊教育の成立』改定新版、東峰書房（初版 1967）.

Kiuppis, Florian and Hausstätter, Rune Sarroma ed. (2014) Inclusive Education Twenty Years After Salamanca, Disability Studies in Education, Gabel, Susan L. & Danforth, Scot General Editors, Peter Lang.

Meijer, C. J. and Watkins, A. (2019) Financing special needs and inclusive education – from Salamanca to the present, International Journal of Inclusive Education, 23 (7-8), 705-521.

Muster, C. (2017) There is no "Dis" in our Abilities: Acknowledging the Experience of the Differently-Abled Community, In Haler.S.& Assaf, L. C. (Ed.),Inclusion, Disability and Culture, Inclusive Learning and Educational Equity, 3, 107-132.

Rousmaniere, K. and Sobe, N.W. (2018) Education and the body: introduction, Pedagogica Historica: International Journal of the History of Education, 54 (1-2), 1-3.

Sacks, L. (2019) The School-to-Prison Pipeline: The Plight of African American Males in Special Education, In S.Halder and V,Argyropoulos (Ed.), Inclusion, Equity and Access for Individuals with Disabilities: Insights from Educators across World, Palgrave Macmillan.

清水貞夫 (1995)「SNE ジャーナル」の創刊にあたり,『SNE ジャーナル』1 (1), 3-4.

関内偉一郎 (2020)『アメリカ合衆国における才能教育の現代的変容―ギフテッドをめぐるパラダイムシフトの行方―』三恵社.

千賀愛 (2009)『デューイ教育学と特別な教育的配慮のパラダイム』風間書房.

千賀愛 (2013) クラーク大学児童研究所における G.S. ホールと遅滞児の研修・相談活動：設立初期 (1909-1914) を中心に,『特殊教育学研究』51 (2), 93-103.

千賀愛 (2016) インクルーシブ教育の国際動向『新しい特別支援教育のかたちインク

ルーシブ教育の実現に向けて』（吉利宗久・是永かな子・大沼直樹編）培風館，23-32.

千賀愛（2020a）特別ニーズ教育と国際情勢主要国における動向，『現代の特別ニーズ教育』（髙橋智・加瀬進監修，特別ニーズ教育学会編），文理閣，275-282.

千賀愛（2020b）ハル・ハウスにおける特別なニーズのある子どもの余暇・身体活動の展開（1890-1907），『北海道教育大学紀要教育科学編』71（1），149-161.

Tan, B.S., Wilson, E., Campain, R., Murfitt, K. and Hagiliassis N. (2019) Understanding Negative Attitudes Toward Disability to Foster Social Inclusion: An Australian Case Study, in the Inclusion Equity and Access for Individuals with Disabilities, Palgrave Macmillan.

U.S.Department of Education（2015）Every Student Succeeds Act（ESSA）https://www.ed.gov/essa?src=ft（最終閲覧 2021/06/20）.

United Nations (2021) Convention on the Rights of Persons with Disabilities. https://www.un.org/development/desa/disabilities/convention-on-the-rights-of-persons-with-disabilities.html（最終閲覧 2021/03/03）.

U. S. Department of Education（2021）42nd Annual Report to Congress on the Implementation of the Individuals with Disabilities Education Act, 2020. https://sites.ed.gov/idea/files/42nd-arc-for-idea.pdf（最終閲覧 2021/03/20）.

U.S. International Council on Disabilities（2021）Convention on the Rights of Persons with Disabilities, Home Page. https://usicd.org/initiatives/advocacy/convention-on-the-rights-of-persons-with-disabilities-crpd/（最終閲覧 2021/03/15）

Van der Klift, E. and Kunc, N. (2019), "Segregation versus Solidarity: Rethinking the Uncritical Commitment to Inclusion", Promoting Social Inclusion, International Perspectives on Inclusive Education, Vol. 13, Emerald Publishing, 52-62.

安井友康・千賀愛・山本理人（2012）『障害児者の教育と余暇・スポーツ：ドイツの実践に学ぶインクルージョンと地域形成』明石書店.

安井友康・千賀愛・山本理人（2019）『ドイツのインクルーシブ教育と障害児者のスポーツ：移民・難民を含む多様性に対する学校と地域の挑戦』明石書店.

吉利宗久（2019）米国における特殊教育政策の展開とその課題，『発達障害研究』41（2），170-175.

48　　　　　　　　　　SNE ジャーナル，27(1)，2021，48 − 56

**特　集**

# 特別ニーズ教育に関わる比較研究の今日的意味
## ―窪島務、間々田和彦、千賀愛の論稿を通じて考える―

### 黒田 学
（立命館大学産業社会学部）

　　本稿は、特別ニーズ教育学会（以下、SNE学会）の2021年度課題研究「特別ニーズ教育と比較教育学の地平」における窪島 務（ドイツ）、間々田和彦（カンボジア）、千賀 愛（アメリカ）の公開研究会での中間報告（2021年4月18日）、および本SNEジャーナル掲載の論稿を通じて、比較教育学の今日的意味を問い、特別ニーズ教育研究を深める比較研究のありようを検討している。特別ニーズ教育を対象とする比較研究が求められる学問的貢献、比較研究の今日的意味について、サラマンカ声明（1994年）が提起した特別ニーズ教育、障害者権利条約（2006年）が規定する質の高いインクルーシブ教育制度と生涯学習の確保を踏まえ、上記三氏の論稿を通じてその方向性を検討している。対象国の教育事情の紹介ではなく、日本や対象周辺国・地域との比較を試み、日本の特別ニーズ教育の課題を提起している。最後に、比較研究を通じた日本における特別ニーズ教育の研究課題を整理している。

**キーワード**

特別ニーズ教育　Special Needs Education

比較研究　　comparative study

ドイツ　　Germany

カンボジア　Kingdom of Cambodia

アメリカ　United States of America

# はじめに

　本稿は、特別ニーズ教育学会（以下、SNE学会）の2021年度課題研究「特別ニーズ教育と比較教育学の地平」における窪島 務（ドイツ）、間々田和彦（カンボジア）、千賀 愛（アメリカ）の公開研究会での中間報告（2021年4月18日）、および本SNEジャーナル（以下、本誌）掲載の論稿を通じて、比較教育学の今日的意味を問い、特別ニーズ教育研究を深める比較研究のありようを検討する。

　特別ニーズ教育は、1994年、ユネスコの「サラマンカ声明」によって国際的な注目を得ることとなった。障害のある子どもを対象とするだけでなく、言語的、民族的、文化的マイノリティや社会的に不利な立場にある子ども、様々な社会的背景による学習困難を伴う子どもを、特別な教育的ニーズ（以下、SEN）のある子どもとして広く対象とする教育の展開が提起された。旧来の障害児教育システムに対して教育対象を拡大することによって、インクルーシブ志向のある学校の展開、学校教育システム全体の改革が求められるようになった。その後、2006年に国連総会で採択された障害者権利条約では、第24条の教育条項に障害のある人の教育権保障を前提に、障害に基づく一般教育制度からの排除をなくし、質の高いインクルーシブ教育制度と生涯学習を確保することを規定した。

　日本における研究としての本格的な着目は、翌1995年、SNE学会の設立を契機としているといえよう。学会設立の経緯については高橋（2020）が、特別ニーズ教育研究の到達点については村山（2020）が、それぞれ詳述している。村山は、本誌の特集（2003-2018年）に注目し、そのキーワードから、「障害以外の因子を多様に含んだ特集が構成されていること」、「経済問題のような、社会的要因、特別な教育的ニーズへの対応が求められる学校とそれを支えるインフラストラクチャや制度設計の課題」など、様々な観点から特集が組まれていることを整理し、その特徴を指摘している（村山2020:18）。

　比較教育学としての特徴はどのようなものであろう。鈴木（2017）は、比較教育学の定義をいくつか示し、その学際性を指摘している。その上で「比較教

育学は、様々な社会や地域の教育的事実を分析・説明することによって法則や類型を見いだすことをその目的としている」と説明している（鈴木 2017:34）[1]。また、南部（2015）は、日本比較教育学会の 50 年を振り返り、比較研究の動向を整理する中で、その対象が教育文化や教育問題など多様化してきたことを指摘しつつ、教育制度が比較教育研究において当初から重要な研究対象であるとしている。

　それでは、特別ニーズ教育を対象とする比較研究は、どのような学問的貢献が求められているのだろうか。サラマンカ声明が提起した特別ニーズ教育、さらに障害者権利条約が規定する質の高いインクルーシブ教育制度と生涯学習の確保に関して、どのように比較研究を進めてきたのか、また進めていくべきなのか、三氏の論稿を通じてその方向性を探ってみたい。

## Ⅰ．窪島務「障害児学級教育の独自性・固有性の論理構成は可能か？ ―比較教育学的考察から見えてくるもの―」から

　窪島は、まず比較教育学における「比較」の意味について、いくつかの先行研究に触れながら、「比較教育学における比較は『何を比較するのか』というターゲットの焦点化」だけでなく、「それを成立させている歴史的社会的諸条件、諸要因を含めた構造的視点」の必要性を指摘している。この指摘は、特別ニーズ教育が、その対象とする SEN そのものが学校教育のみならず、経済社会に深く関連し、その質的・量的水準が社会的諸条件に左右されるだけに、社会構造への着眼なくして特別ニーズ教育の比較研究は成立しないことを示唆している。

　さらに、窪島は、自著（2021）に基づいて、「インクルージョンの時代において特に SEN 概念の実際上の意義は、ほとんど無意味なぐらいに低下した」とし、「最近のインクルージョンとダイバーシティ論が SEN と障害児教育を否定する論理を内包していることに注意を促し、SEN 概念を事実に即して構想する必要性がある」と指摘している。その上で、障害児教育の固有性が否定され、「通常学級教育（学）の補助的役割を与えるようになっていることに SEN 論はどう対峙しようとしているのか、また SNE 学会の存在意義が問われても

いる」と問題提起している。

　このような問題提起からは、先の社会構造的視点という言わばマクロな把握が必要である反面、障害そのものやSENに基づいた教育内容や方法、教育実践といった個別性・具体性を持った障害児教育としての固有性を視座とすることを改めて問うている。

　続けて窪島は、先の問題意識を前提にドイツの「読み書き困難学級」（LRS-Klassen）を対象に、「障害児学級教育の独自性・固有性の論理構成は可能か？」という具体的テーマに基づき特別ニーズ教育学における比較教育学的研究方法の意味を述べている。それは、障害児教育学が独自の社会的存在として存立しうるのかという、窪島の一貫した問題関心であり、「SNE学会の設立につながったSNEおよびSENの概念、自閉症研究や学習障害研究もその解明につながるアプローチとして取り組んできた」という（公開研究会での中間報告）。

　窪島は、このような一貫性を持った問題関心に基づいて、ドイツの「読み書き困難学級」（制度）の変遷とその問題点を詳述している。その上で、日本における特別支援学級（軽度知的障害児の学級）との比較研究を試み、特別支援学級は担い手の代替わりと専門性の劣化等に押されて、「通常学級の補助的機関に格下げ」されていると結論づけ、「障害児学級の自律的自己規定」を問うている。

## Ⅱ．間々田和彦「カンボジアにおける特別ニーズ教育調査からの発信」から

　間々田は、王立プノンペン大学では研究とともに教鞭を執り、プノンペンに居を構えて生活し、障害当事者や学校関係者へのインタビューや研究交流に取り組んでいる。また、カンボジアにおける特別ニーズ教育の実情を踏まえ、カンボジア支援のために奔走している。研究対象国をカンボジアとし、日本から見たカンボジアを意識しつつ、カンボジアから見た研究対象国日本という両方向から、リアルな体験を通じた比較研究に従事している。

　間々田は、まず、カンボジアにおける特別ニーズ教育（特別支援教育）研究の経緯を整理した上で、次に研究上の困難さとして、①統計の問題、②カンボ

ジア人の障害者観、③知的障害と発達障害（の把握の困難さ）、④研究者不足、⑤通訳（言語の壁、専門用語の問題）を取り上げている。最後に、カンボジアをはじめとする発展途上国を対象とする比較教育学の課題を提示している。

　間々田は、発展途上国を対象とする比較教育学の課題について、大きく2点から検討している。

　第1は、研究目的について、比較研究が「日本や欧米を基準として、発展途上国の足りなさを根拠に支援を構築する時代は過ぎた」として、「その国の歴史的背景や文化的背景を踏まえた上で、現地の人的資源や物的資源をできる限り調査し、それらの資源を元に、その国の現状を踏まえ、支援の期間のあともその国が独自で継続できる支援」の必要性を説いている。合わせて対象国だけではなく、対象国の周辺地域——例えばカンボジアであればASEAN（東南アジア諸国連合）——を含めた研究の観点が必要であり、周辺地域の中で他国をリードしていく内容に着眼し、「そこからその周辺地域への普及をはかる視点」をもつことを提起している。

　第2は、新たな知見として、「単に支援のための比較をするだけではない視点を持つことの重要性」を指摘し、「研究結果をどのように日本へ還元できるかの視点」を付加することを提起している。

## Ⅲ．千賀愛「アメリカ研究からみた特別ニーズ教育の地平」から

　千賀は、まず、特別ニーズ教育分野におけるアメリカ研究の可能性を比較研究の観点から論じることを目的としたうえで、①アメリカ研究への問題意識の醸成、②研究経緯とテーマの探究、③アメリカ研究からみた特別ニーズ教育の論点という3つの視点から考察している。その上で、第3の視点に関して、(1)インクルーシブ教育の財政問題と平等性／アクセシビリティ、(2)複数の特別な背景をもつ子どもの教育保障、(3)通常の学校・学級における一般教員・生徒の価値観や雰囲気・態度の形成といった文化的側面から比較研究を展開している。

　千賀は、第1の視点、インクルーシブ教育の財政問題と平等性・アクセシビリティについては、近年の統計や政策動向を紹介しつつ、連邦予算の削減に伴

う財政の地域間格差を指摘している。

　第2の視点、複数の特別なニーズをもつ子どもの教育保障については、「障害とジェンダーやLGBTQ、発達障害と才能児、障害と人種的・言語的マイノリティのように複数の特別なニーズを持つ子どもの教育保障の問題が活発に研究されている」ことを詳述している。このようなアメリカの特徴を踏まえ、「日本における中退者や不登校の背景、外国につながる子どもの不就学や教育問題」などは、特別ニーズ教育の課題であると指摘している。

　さらに、第3の視点、インクルーシブ教育の文化的側面については、「教師の無理解や差別的な態度を背景として過剰に分離的な措置を受ける子どもがいる一方で、フル・インクルージョンの限界」を紹介している。その上で、千賀は、形式的な分離批判に対しては、「自己決定により選んだ場がスポーツや音楽・演劇などのクラブ活動」など、「文化の担い手として主体的に活動に参加」することは、「分離ではなく連帯や交流である」と指摘している。


## おわりに
### —比較研究を通した日本における特別ニーズ教育の研究課題—


　三氏の論稿は、それぞれの観点から比較教育学の今日的意味を問い、特別ニーズ教育研究を深める比較研究のありようを示唆している。三氏ともに、対象国の教育事情の紹介ではなく、日本や対象周辺国・地域との比較を試み、窪島が述べるように「比較研究、外国研究の意義の一つは、ブーメランのように、比較を通して自国の教育が何であるかを対象化」させている。

　最後に、このような指摘を受けて、比較研究を通じた日本における特別ニーズ教育の研究課題として、筆者自身の研究視座から整理しておきたい。

　まず第1の研究課題は、特別ニーズ教育が学校教育システム全体の改革を必要としているが、新自由主義政策が学校教育への投資効率を求め、財政問題を絡めて、学校教育の能力主義的再編を強化している点である。このような教育政策のもとでは、SENのある子どもの教育、特別ニーズ教育の優先度が引き上げられない。

　本田（2020）は、相対的で一元的な「能力」（学力）に基づく選抜・選別・

格付けを垂直的序列化とし、「能力」の絶対的水準の高度化と上位への圧縮をもたらしていると指摘している[2]。このような指摘からも、一元的能力に基づく序列化の強化と特別ニーズ教育の軽視に対して、窪島が指摘する「SEN 概念を事実に即して構想する必要性」が学校教育（学）にますます求められている。

　第2は、労働市場に目を転じると、障害者は労働生産性の低い労働力として、低位に見積もられ、障害者雇用制度による法定雇用率や雇用納付金をもってしても障害者の雇用が一向に進まない点である。近年の特別支援教育における一般就労に向けた職業教育の強化は、キャリア教育および労働教育の形骸化、ディーセント・ワーク（働きがいのある人間らしい仕事）[3] の軽視となり、障害者の労働保障を一般労働施策へと従属させている。

　SEN に基づく教育および自己決定に基づくキャリア教育を通じて、自己肯定感を育む人格発達の保障が今一度強調されねばならない。また、千賀のアメリカ研究の知見から言えば、「複数の特別なニーズをもつ子ども」にとってのキャリア教育や人格発達の保障も問われている。

　第3は、第2と関わって、労働市場を前提とする社会では、知的能力（学力）の獲得が重視される点である。この点を抜きにして「包摂と排除」を理念的に論じても、市場万能主義においては知的能力の格差が所得の格差を生み、その人の生活水準や人生を左右することになる。学校教育が知的能力の差異を仮に差別（排除）せず、学校文化に包摂しても、市場万能主義はあからさまに差別、排除する。

　フル・インクルージョンの立場から、特別支援学校などの特別なユニットを差別的だと断罪し廃止しても、市場万能主義は排除のベクトルを容赦なく指示する。特に日本において、知的障害をはじめ、SEN のある子どもと保護者、家族は、学齢期には学校教育が曲がりなりにも保障され、排除の論理から一定守られても、18歳以降の教育年限の延長が保障されず、子どもの将来に不安を抱かざるを得ない。

　他方、知的能力の発達を保障することは、内在的（教育学的、教育実践的）な課題としては、自己意識や自己肯定感の向上、人格発達に繋がり、外在的にどうあれ（労働市場に包摂または排除されようとも）、質の高い教育保障はす

べての子どもたちに不可欠である。

　第4は、特別ニーズ教育における国家間格差、地域間格差をどのように捉え、比較研究として日本をいかに対象化するのかという点である。特に経済的基盤の成熟度に応じて特別ニーズ教育の到達点が示されるという基本的前提に立つならば、発展途上国から見た日本、先進国日本から見た発展途上国という双方向の視点は欠かせない。

　障害者権利条約が、質の高いインクルーシブ教育制度と生涯学習を確保することを規定しているが、初等教育でさえ全員就学未達成の発展途上国（中進国含め)4) では教育の「量的側面」（学校、教室、教員及びPT・OT・ST等専門家の確保）もままならず、SENへの対応や合理的配慮は「高すぎる」ハードルにもなっている。

　以上のように、特別ニーズ教育における比較研究は、窪島が述べる「歴史的社会的諸条件、諸要因を含めた構造的視点」を持ちつつ、固有の内在的な問題に着眼する必要があろう。知的障害をはじめ、SENのある子どもの学習困難を教育学的、教育実践的なアプローチから捉え、子どもたちの学力保障、自己概念の形成や自己肯定感をいかに高めるのか、人格発達をいかに保障するのか、比較対象国から日本へ、日本から比較対象国へつなげ、相互に対象化するという問いが今日的な意味を持つといえよう。

注

1) なお、鈴木（2017）は、本稿において日本における比較教育学の現状と今後の課題について、固有の方法と体系的知識の必要性を比較政治学と対比しつつ批判的に考察している。

2) 本田（2020：202－215）は、教育のシステム構造の特徴を、垂直的序列化に加え、水平的画一化（「態度」や「資質」といった特定のふるまい方や考え方を全体に要請する圧力を意味する）が一定層の排除をもたらすと指摘し、垂直的序列化と水平的画一化の過剰、水平的多様化の過小が日本社会の機能不全を生み出していると指摘している。

3) ディーセント・ワークおよびその戦略目標については、ILO駐日事務所のHPに詳しい（https://www.ilo.org/tokyo/about-ilo/decent-work/lang-ja/index.htm、最終閲覧2021年8月15日）。

4) 筆者が研究対象とするベトナムの障害児の就学率は、2016年に実施されたベトナム統計総局の調査によると、小学校の総就学率：88.4%（非障害児100.9%）、同中

学校：74.7%（同 94.3%）、高校：39.4%（同 75.8%）とされている（UNICEF（2019）Launch of Key Findings of Viet Nam's first large-scale National Survey on People with Disabilities, 2016）。

## 文献

James J. Heckman（2013）Giving Kids a Fair Chance, A Boston Review Book. ジェームズ・J・ヘックマン、大竹文雄解説、古草秀子訳（2015）幼児教育の経済学、東洋経済新報社

本田由紀（2020）教育は何を評価してきたのか、岩波新書

窪島務（2021）インクルージョン時代の障害児教育再考（Ⅰ）インクルーシブ教育とSEN、滋賀大学教育学部紀要 教育科学、70、pp.173-187

黒田学・間々田和彦（2021）ASEAN における障害児教育・福祉とインクルーシブ社会構築に関わる動向と課題—ベトナムとカンボジアの事例を通じて—、立命館産業社会論集、57-1、pp.93-112

村山拓（2020）特別ニーズ教育研究の到達点、髙橋智・加瀬進監修、日本特別ニーズ教育学会編、現代の特別ニーズ教育、文理閣、pp.17-24

南部広孝（2015）比較教育研究の回顧と展望—研究対象としての「制度」に焦点をあてて—、比較教育学研究、第 50 号、pp.137-148

鈴木俊之（2017）比較教育学における比較の意味について—比較政治学を参考に、青山学院女子短期大学総合文化研究所年報、第 25 号、pp.33-46

髙橋智（2020）四半世紀前の学会設立期をふりかえる、髙橋智・加瀬進監修、日本特別ニーズ教育学会編、現代の特別ニーズ教育、文理閣、pp.3-9

SNE ジャーナル，27(1)，2021，57 - 75

原 著

# 米国ペンシルベニア州における
# 才能教育の法制化とギフテッドの教育保障
**—障害児教育との法的関係性に着目して—**

関内 偉一郎

（東邦大学理学部・非常勤）

　本稿では、米国ペンシルベニア州における才能教育の展開を法制度の側面から検討し、特別ニーズ教育としての制度的位置付けとその特質について明らかにすることを目的とした。同州における才能教育法制化の端緒は、1961年の公立学校法改正によって特別教育の対象となる「例外的な子ども達」の範囲が拡張されたことにある。その背景にはスプートニクショックによる国家的な人材育成政策の影響があるものの、同州ではギフテッドを特別な教育的ニーズをもつ「例外的な子ども達」として障害児と同等に扱っており、才能教育は特別教育の一類型として障害児教育と並列的な関係に置かれていた。また、才能教育と障害児教育の法整備が一体的に進められた結果、個別教育計画の作成やデュープロセス・ヒアリングによる紛争解決など、障害児教育の領域で用いられるアプローチが才能教育においても広く取り入れられていた。本研究の結果、同州の才能教育はギフテッドの特別な教育的ニーズへの対応が重視されており、エリート主義的な制度的側面は希薄であるとの結論が得られた。

---

**キーワード**

才能教育　Gifted Education

ギフテッド　　Gifted Children

特別な教育的ニーズ　Special Educational Needs

# I．はじめに

　本稿の目的は、米国ペンシルベニア州における才能教育（gifted education）の歴史的展開を法制度の側面から検討し、特別ニーズ教育としての才能教育の制度的位置付けとその特質について明らかにすることにある。

　1994 年のサラマンカ声明では、「万人のための教育（Education for All）」という標語の下に「特別ニーズ教育」という新しい教育概念が示されたが、この声明が従来の障害児教育と通常教育という二分法的な教育対応からの脱却を目指すものとして、日本をはじめ多くの諸外国に影響を与えたことは周知の通りである。しかし、専ら障害児を対象とした特別支援教育との関係で語られることの多い日本において忘れられがちなのが、特別ニーズ教育の対象には「ギフテッド（gifted）」と呼ばれる優れた才能を持つ子ども達も含まれるという点である。例えばサラマンカ声明では、障害を持つ子ども達や文化的・社会経済的に不利な立場にある子ども達とともにギフテッドを挙げ、こうした子ども達は特別な教育的ニーズを有しており、通常の学校教育から排除されることなく等しく適切な教育を与えなければならないとしている。その意味では、ギフテッドに対する特別な教育的措置である才能教育も、障害児教育と同様に子ども達一人ひとりの特別な教育的ニーズに応じる教育としてその価値を認め、特別ニーズ教育の一類型として学校教育の中に位置付けることが可能である。

　もっとも、才能教育を実施している諸外国において、公教育としての実際の制度的位置付けは様々であり、アジア諸国を中心に、国家や社会に役立つ有能な人材の育成を主目的として教育資源を集中させる効率主義的な教育を行う国も多い。そのため、才能教育に対しては、一部の優秀な子ども達を対象としたエリート教育であり、教育の機会均等という点から問題であるとする批判も少なくない[1]。教育資源の効率的な分配と公正・公平分配のバランスをめぐる問題には、教育を通じた社会的正義の実現とは何かという大きな問いを含んでいるが（山内 2012, p.3）[2]、そうした問いが最も鋭く投げかけられるのが、国家による優れた人材育成を目的とした才能教育に対してなのである。

　しかしその一方で、才能教育を障害児教育と並ぶ特別ニーズ教育の一類型と

して位置付け、ギフテッドに特有の教育的ニーズに適切に対応するために才能教育を制度化しようとする国々も存在する。そこでは学習のレディネスに合わない教育環境による学習意欲の喪失や学校不適応が問題視され、心理カウンセリングの充実とともに個々の子ども達の資質や能力に応じた指導の個別化が重視されている。ギフテッドは将来的なエリートとして特別扱いされるのではなく、あくまで「特別な教育的ニーズを有する子ども達」として障害児と同様の立場にあることが強調されるのである[3]。

それではこうした特別ニーズ教育としての機能を重視する国において、才能教育は具体的にどのように法制化され、ギフテッドの教育保障が図られているのだろうか。この点、世界で最も盛んに才能教育が実施されている米国に目を向けると[4]、歴史的には1957年のスプートニクショックを契機として国家・社会に役立つ人材育成を目的に才能教育が本格的に実施されるようになったものの、20世紀後半になると、子ども達の多様な能力や教育ニーズに対応する教育システムの構築が目指され、その一環として才能教育を位置付ける「適能教育主義」へと転換がなされた[5]。そのため、現在の才能教育制度は、効率主義的な側面を残しつつも、基本的に特別ニーズ教育としての機能が重視されたものになっている[6]。

ただし、障害児教育の場合とは異なり、連邦法では才能教育は法的に義務付けられておらず、その実施は各州に委ねられている。そのため、特別ニーズ教育としての法制度上の位置付けやその特質を具体的に明らかにするには州レベルでの分析が必要不可欠となる。しかし、日本の先行研究では、1988年に制定されたジャビッツ才能児教育法（Jacob K. Javits Gifted and Talented Students Education Act）を中心とした連邦法の規定内容については言及がなされているものの[7]、特別ニーズ教育としての視点から個別の州法規定に焦点を当て、障害児教育との法的関係性を含む法制度上の位置付けについて考察したものは管見の限り見当たらない。

そこで本稿では、各学校区（school district）に対しギフテッドの認定のみならず才能教育プログラムの実施も法的に義務付けるなど、米国の中でも才能教育の法制化に積極的なペンシルベニア州を取り上げ、才能教育の法制化の経緯をたどりながら特別ニーズ教育としての制度的位置付けとその特質について

明らかにしていくことにする。

## Ⅱ．ギフテッドの認識と特別教育概念の拡張

　ペンシルベニア州における才能教育法制化の萌芽は 1961 年に行われた公立学校法（Public School Code of 1949）の改正にさかのぼる。現在、州教育法典第 16 章（22 Pa. Code, Chapter 16）において、ギフテッドは通常教育（general education）とは異なる特別な教育を受けることが出来る「例外的な子ども達（children with exceptionalities）」として認識されているが[8]、1949 年に制定された公立学校法では、当初、特別教育（special education）を受けることが出来る「例外的な子ども達」は、精神的または身体的に障害のある子どもに限られていた。

　しかし、1961 年、州の教育政策を審議する知事教育委員会（Governor's Committee on Education）は、議会に対しこの例外性の範囲を、情緒障害児（emotionally disturbed）や文化的に恵まれない子ども（culturally deprived）、そしてギフテッドにまで拡張するよう求めた[9]。同委員会は障害児については主に人道的見地から教育的対応の必要性を述べる一方で、ギフテッドについては専ら国家や社会経済的利益といった視点からその必要性を訴えており、これは連邦政府の教育政策を意識したものであった。

　当時の状況を振り返ると、1957 年のスプートニクショックによって旧ソ連の科学技術力に対抗する人材育成の必要性に迫られた米国は、その対応策の一つとして翌 1958 年に国家防衛教育法（National Defense Education Act）を制定している。この法律によって、それまで州や学校区が独立した権限を持っていた学校教育に連邦政府は関与を強め、数学・理科・外国語のカリキュラムの現代化が目指されたが、才能教育の必要性も人材育成の面から初めて強調され、特に理数系分野の適性を見出して大学進学を促進する才能教育プログラムが連邦政府の資金によって実施されるようになった[10]。これにより、各州においても優れた才能を持つ子ども達の存在が認識され、何らかの教育的対応を行おうとする動きが生じたが、ペンシルベニア州における知事教育委員会の勧告もそうした一連の政策動向の影響を受けたものと考えられる[11]。

　州議会は知事教育委員会の勧告を受け、1961年9月に公立学校法における「例外的な子ども達」の定義を「身体的、精神的、情緒的、社会的特質において、特別な教育的便宜を受けることを必要とする程度にまで平均から逸脱した学齢期の子ども達」（24 P. S. Sec. 13-1371 (1)）と修正するとともに、才能教育に関連するプログラムのために25,000ドルを超えない範囲で財政支援を行うことを決定した[12]。しかしながら、法案承認時において当時の州知事デビッド・ローレンス（David L. Lawrence）は、才能教育プログラムへの財政支援については州の歳入不足や才能教育に関する予算規定の不存在等を理由に承認を拒否しており、結局、ギフテッドの教育保障という点では、特別教育の対象にギフテッドを含めることを意図しつつ、「例外的な子ども達」に関する法的な定義が障害児に限定されない形へと拡張されるにとどまっている[13]。

　このように、1961年における公立学校法の改正（Act 546 of 1961）では、才能教育の実施を義務付けたり、才能ある生徒のためのオプションプログラムに対し財政支出を行うことまではなされなかったが、障害児に限らず特別な教育的ニーズを有する子ども達に広く対応する必要性が認識された結果、特別教育を表すカテゴリーの用語として「障害児教育（Handicapped Education）」ではなく「例外的な教育（Exceptional Education）」が用いられるようになった[14]。また、学校区に対しては、学齢期にある「例外的な子ども達」を識別することや、公立学校心理士（public school psychologist）その他の専門家がその評価を行うこと、特別クラスに在籍する「例外的な子ども達」の数を州に報告することなどを求めている[15]。

　ペンシルベニア州では、この1961年の州公立学校法の改正によって、ギフテッドに対する教育的対応が特別教育の一環として法的に認められるようになったが、才能ある子ども達と精神的・身体的障害のある子ども達を区別せず、ともに「例外的な子ども達」としてカテゴリー化した上で、才能教育をそうした子ども達に対する特別な教育的措置の一類型と位置付けたところに大きな特徴があると言えるだろう。

## Ⅲ．ギフテッドに対する教育保障の明確化

### 1. 1970年代における法整備の特徴

　ペンシルベニア州では、1961 年の州公立学校法の改正によって、ギフテッドの認定と才能教育プログラムの実施が法的に認められるようになったが、ギフテッドに関する具体的な規定は定められなかった。そのため 1970 年代に入ると、州教育委員会（State Board of Education）によって特別教育におけるギフテッドの法的な位置付けと保護をより明確にしようとする動きが起こる[16]。

　まず、1973 年、州教育委員会は特別教育に関する最初の教育行政規則案を発表した。規則案では、公立学校法の規定（24 P. S. Sec. 13-1371）を引用し、次のように述べている。

　「この章の規定は、次の生徒に必要な包括的な教育と特別な訓練を提供するものとする。(1) 精神障害者（mentally impaired）、(2) 身体障害者（physically impaired）、(3) 才能ある者（gifted and talented）」（3 Pa. Bulletin 1473）

　この規則案は、最終的には州教育委員会によって採択されずに終わっているが[17]、翌年のキャサリン訴訟[18]を契機として、ギフテッドのための規定が新たに設けられることになる。キャサリン訴訟では、ギフテッドと認定された「例外的な子ども」に対する教育的配置の変更措置に関し、子どもや保護者にその妥当性を争う公的な機会が与えられなかったことが争点となった。そしてその審理過程において裁判所の働きかけにより当事者同士の合意がなされ、1975 年 6 月 27 日付で裁判所による「同意に基づく命令（Consent Order）」[19]が出されている（Clearinghouse #13,575 B, D）[20]。

　この裁判所命令に基づき、州教育委員会は、同年、新たな教育行政規則を採択したが（5 Pa. Bulletin 1541, 1542）、この 1975 年制定規則の主なポイントとして、次の三点が挙げられる。

　第一に、ギフテッドに対する法的な位置付けと教育的対応の必要性が明確にされた点である。つまり、通常教育には適合しない「例外的な人々（exceptional persons）」の中には「障害のある学齢期の人々（handicapped school-age persons）」だけでなく「才能ある学齢期の人々（gifted and talented school-age persons)」も含まれることが明示されるとともに、「例外的な人々」は個々のニーズを満たすために考えられた適切な教育プログラムを受けることが出来ると規定された[21]。また、ここでいう「才能ある学齢期の人々」とは、具体的には、次のように定義されている。

「州教育長官が作成した特別教育スタンダードに定められた基準を満たしており、顕著な知的能力および／または創造的な能力を有している者で、その能力の開発には地域の教育機関によって通常の子ども達には普通提供されないような特別な活動やサービスの提供が必要とされる者である」（5 Pa. Bulletin 1541）

こうしてペンシルベニア州では、平均的な子どもの範囲から逸脱し、それ故に特別な指導やサービスを必要とする学齢期の子ども達を「例外的な子ども達」と定めた上で、その中には障害のある子ども達だけでなく才能ある子ども達も含まれると明記することで、ギフテッドが障害のある子ども達と同様、法的保護の対象となることを明確にしたのであった。

1975年制定規則の第二のポイントとして、こうした規則によって、ギフテッドにも障害児と同じ教育行政上の手続保障が広く与えられるようになった点が挙げられる。同じく1975年に制定された連邦法である全障害児教育法（Education for All Handicapped Children Act：EAHCA）では、障害児に対する無償で適切な公教育が保障され、個別教育計画（individualized education program：IEP）の作成義務や不服申立に関する規定が設けられることで、障害のある子ども達の教育保障が強化された。EAHCAはギフテッドを法的保護の対象にはしていないが、ペンシルベニア州では障害児もギフテッドも、ともに「例外的な子ども達」として一体的に対応することが法令上明確にされたため、ギフテッドは障害児と同様に、無償で適切な教育プログラムの実施やIEPの作成、デュープロセスの手続きなどに関する法的権利を有するようになった（22 Pa. Code, Chapter 13）。さらに、州教育委員会は1976年7月1日発効の特別教育規則において、「例外的な学齢期の子ども（またはそう推測される子ども）に対するデュープロセス手続き関連規定は、全ての才能ある学齢期の子どもにも適用される」（22 Pa. Code, Sec. 13.21）との規定を新たに設け、ギフテッドのデュープロセス保障をより明確にしている。

　1975 年制定規則の第三のポイントとしては、保護者の積極的な関与を認めることで、教育行政側の恣意的な制度運用に歯止めがかけられている点である。例えば、ギフテッドの認定時において保護者は学校側の全ての記録を確認したり学校心理士と協議する権利をもち、認定評価に不満や異議のある場合は、不服申立の機会として公正な審問官を前にした行政審問の機会、いわゆるデュープロセス・ヒアリング（due process hearing）を要求することが出来るとされた（22 Pa. Code, Sec. 341.12 (e)）。

　もっとも、ギフテッドの具体的な認定基準については、この段階において規定上明らかではなかった。そこで州教育省は 1977 年に州の特別教育スタンダードにおいて「メンタリー・ギフテッド（mentally gifted）」という州独自の用語を新たに定め、ギフテッドの具体的な認定基準を示した。即ちメンタリー・ギフテッドの子どもとは、「通常の教育プログラムでは普通提供されない特別な活動やサービスを必要とする卓越した知的および創造的能力を持つ子ども」として定義され（22 Pa. Code, Sec. 341.1）、具体的な認定基準として IQ130 以上の場合にメンタリー・ギフテッドのためのプログラムが実施されるとした。また、IQ が 130 未満であっても、その他の評価資料が優れた才能の存在を強く示唆している場合には、限定的ながら才能教育プログラムに参加することが可能であるとした。さらに同年、上位法令である公立学校法の条文も修正され、ギフテッドのための特別クラスの設置や特別教育プログラムの実施が各学校区に義務付けられたのであった（24 P. S. Sec. 13-1372 (3)）[22]。

## 2. IEP に基づく教育プログラムの実施

　こうしてギフテッドは、1970 年代半ばの教育行政規則の整備によって障害児と同様の法的権利を獲得していったが、この時点における基本的な教育保障の内容を整理しておくと次のようになる。

　まず、認定されたギフテッドに対する特別教育プログラムは、IEP に基づき実施されることが求められているが、その IEP には、以下の点を明記しなければならない。1）子どもの現在の教育的パフォーマンスのレベル、2）年間の目標、3）短期的な指導目標、4）目標の達成度を評価するための基準、5）子どもに提供される教育サービスの説明、6）子どもがどの程度まで通常の教育

プログラムに参加するのかといった参加範囲の記述、7）特別教育サービスの開始予定日とその期間（22 Pa. Code, Sec. 341.15）。また、各生徒の IEP は、少なくとも年に一度は見直しを行い、必要に応じて修正しなければならないとされた（22 Pa. Code, Sec. 341.17）。

　保護者は、子どもの IEP の適切性や学校区の配置の決定に異議がある場合、学校区側と話し合う機会が与えられるが、話し合いがうまくいかない場合にはデュープロセス・ヒアリングを要求する権利を持つ。保護者のこうした権利を担保するため、学校区は子どもの教育的配置を決定した後、保護者に、その決定の通知や学校区の決定に異議を唱える保護者の権利に関する通知を書面によって行わなければならない（22 Pa. Code, Sec. 341.16, 341.18）。

　また、デュープロセス・ヒアリングでの審問官の決定に不満がある場合、保護者または学校区はペンシルベニア州教育長官に上訴することが出来る。教育長官は、審問官の意見を支持するか覆すかのいずれかの決定を下すが、その決定に基づき、保護者や学校区は州裁判所に控訴、さらには、州最高裁判所に上告することが出来るとされ（42 Pa. C. S. Sec. 763（a）（1）)、行政手続きによる解決が難しい場合には、最終的に司法によって判断が下されるように法整備がなされた[23]。

## Ⅳ．特別教育関連法規の再編

### 1．障害児教育政策の強化とその影響

　このように才能教育の法制度は 1970 年代を中心として整えられていったが、1980 年代以降も数度にわたり才能教育に関する法令の全面改正が行われている。まず 1989 年に、州議会は州教育委員会と教育省に対し、才能教育関連規定を含む特別教育の規則（regulations）と基準（standards）の見直しを指示している（Act 43 of 1989）。州教育委員会と教育省はこれに応える形で、翌 1990 年に才能教育に関する規定を含む新しい規則（22 Pa. Code, Chapter14）と基準（22 Pa. Code, Chapter 342）を定めた（1990 年 7 月 1 日発効）[24]。

　その背景には、連邦政府による障害児教育政策の強化が関係しており、1990 年の改正は、EAHCA が障害者教育法（Individuals with Disabilities Education

Act of 1990：IDEA）へと改正されるのに合わせて行われたものであった。EAHCA はアメリカの障害児教育法制の中核に位置付くものであったが、1990年の改正にあたっては 16 歳（適切な場合には 14 歳）までに「個別移行計画（individualized transition plan)」が IEP に組み込まれるなど、中等教育以後の教育、就労、自立生活に関わる条項が強化ないし付加されている[25]。ただし、これらの連邦法は、連邦政府が州政府に対して資金を提供する資金援助法であり、連邦資金を得るためには連邦法の規定を遵守する必要がある。そこでペンシルベニア州でも連邦法の改正に合わせて特別教育に関する規定が改正されたのであった。

　具体的な改正内容としては、例えば「例外的な生徒」の教育的配置は、「適切な介入レベル（appropriate level of intervention)」に関する IEP チームの決定に基づくとされた。「適切な介入レベル」とは、生徒のニーズと能力を満たし、その生徒がうまく活動出来る（perform successfully）ようにするために必要な介入の程度のことである。この決定を行う際、IEP チームは、生徒の年齢、IEP で必要とされるサービス、生徒の学業上・行動上のニーズの種類や程度などを考慮しなければならず、子ども達は IEP チームの決定に従い、次のいずれかのレベルの教育的介入の割り当てがなされるようになった[26]。

（1）通常学級における支援的介入

　特別教育職員による指導支援を伴う通常学級での全日的指導で、これには通常学級の教師による一時的な通常指導プログラムの変更や指導の個別化が含まれる。

（2）通常学級における補足的介入

　学校の一日の大半が通常学級での指導となるが、部分的に通常学級の内外で特別教育職員による特別教育サービスやプログラムが行われる。

（3）リソースルームでの補足的介入

　学校の一日の大半が通常学級での指導となるが、部分的にリソースルームで特別教育職員による特別教育サービスやプログラムが行われる。

（4）通常学校での特別学級を中心とした指導

　通常の学校内ではあるが、子ども達は一日の大半を通常学級以外の場所で特別教育サービスとプログラムを受け、部分的に通常学級での指導が行われる。

（5）通常学校における全日制の特別学級

通常学級以外の場所での特別教育サービス及びプログラムであって、通常の学業以外の活動又は課外活動に参加する機会を適切な範囲で最大限に有するもの。

（6）通常学校外の全日制の特別学級

通常学校以外の場所での全日制の特別教育サービス及びプログラムであって、通常の学業以外の活動又は課外活動に参加する機会を適切な範囲で最大限に有するもの。

## 2.　障害児教育との区別の明確化

特別教育の対象となる「例外的な子ども」にギフテッドを含めるペンシルベニア州では、この改正によってギフテッドにも障害児と同じような法的効果が生じたが、連邦法ではあくまで障害児のみを対象としており、ギフテッドに対しての義務付けはない。そのため、障害児のみを対象とした連邦法の拡充によって、次第に障害児とギフテッドを同一の法規定で扱おうとすることに無理が生じるようになっていった。

例えば、障害児とギフテッドを区別しないことの問題点として、当時の州教育委員会は次のように指摘している。

「……現行の規定の下では、連邦法上の障害者に対する特別な義務は、州内の才能ある生徒にまで拡張され、才能ある生徒に対する必要条件となっている。障害に特化した義務の多くは、才能ある生徒の適切な教育のためには不要であり、各学校区が効果的な才能教育プログラムを実施する能力を制限する恐れがある……」（28 Pa. Bulletin 4939）

そして、1998年に州教育委員会は、主に州教育法典の第14章と第342章に規定されていた特別教育関連規定を再検討するとともに、才能教育関連規定をこれらの章から分離して独立した章に集約する改正案を示し、才能教育と障害児教育の区別を明確にしようとしたのだった。

1998年改正案の主な特徴として、次の点が挙げられる。

まず、各学校区に対し、優れた才能があり特別な対応が必要と思われる生徒の所在を特定し、ギフテッドとして識別するためのシステムを整備するよう求

めている点である。ただし、そうしたシステムは実際には既にそれまでの特別
教育規定の下で整備されていたので、改正案では、それを学校区がどのように
開発し、実施すべきかを具体的に示す規定は特段設けられなかった。

　また、才能があると思われる生徒に対して、ギフテッド用の多面的な評価手
続きを実施する規定を設けている点や、生徒を介入のレベル別に一律に配置す
るのではなく、個々の教育的ニーズに合わせて柔軟に対応出来るように教育的
配置に関する要件を定めている点なども改正案のポイントとして挙げることが
出来る。

　さらに、生徒が才能と障害の両方を併せ持っている場合の規定も設け、その
場合は障害児教育の規定を優先し、才能面での生徒のニーズには障害児教育関
連規則に定められている手順を使用して対応することが出来るとした。

　このように、ギフテッドの教育保障の拡充に資する規定が設けられた一方で、
才能教育に係る財政負担を減らすため、改正案では、2年ごとに実施されるギ
フテッドの定期的な再評価をなくすことが提案されており、これにより3年間
で約2,000万ドルの節約になると州教育委員会は試算した。また、保護者が要
求できる評価の回数を減らし、学校区が負担すべき評価手続きを1学期につき
1回までとすることも規定され、こうした規定によって、「職員のかなりの時
間を生徒のための教育やその他のサービスに振り分けることが出来る」と指摘
している[27]。

　ただし、改正案では、才能教育と障害児教育との区別をつけるために必要な
修正が含まれてはいるものの、それ以前の規則が定めている法的要件の大部分
が維持されており、州教育委員会はその内容について、「継続的な要件には、
個別教育プログラム、評価チーム、学際的評価、人事要件、私立学校への配置、
手続き上の保護措置、実験的プログラムの例外、教育省の義務と責任、才能教
育の計画要件などが含まれる」（28 Pa. Bulletin 4939）としている。

　また、州教育委員会がこのような変更を提案した時、それにより才能教育は
特別教育の一類型として与えられてきた法的保護を失うのではないかといった
懸念が広がり、才能教育関連規定を独立した章として再編することに消極的
な人も少なくなかった。そのため、独立規制審査委員会（Independent Regula-
tory Review Commission : IRRC）[28] は、そうした不安を少しでも払拭するため、

章タイトルに関し次のような勧告を行い、その結果、「特別教育」という文言が残る形で章タイトルの変更がなされた。

　「州教育委員会は、第16章のタイトルを、『才能教育（Gifted Education）』から『才能ある生徒のための特別教育（Special Education for Gifted Students）』へと変更することを検討すべきである。これにより特別教育の規定から才能教育の規定を削除することに対する否定的な認識の多くは緩和されるだろう」（IRRC comments on proposed regulation #6-266, December 3, 1998）

　こうして2000年12月に採択された州教育委員会の改正規則では、主に州教育法典の第14章及び第342章に存在した才能教育関連規定が削除され、新たに独立した章として「第16章　才能ある生徒のための特別教育」が設けられたのであった（22 Pa. Code, Chapter16, 30 Pa. Bulletin 6330）[29]。

　なお、2000年代に入るとチャーター・スクールに関する法整備が進んだが、才能教育に関する第16章の規定は適用外とされた（24 P. S. Sec. 17-1749-A）。これにより、ギフテッドに関する規定は公立学校のみを対象とし、私立学校やチャーター・スクール（サイバー・チャーター・スクールを含む）には適用されないことが明確になっている。また、州教育委員会は2007年にも才能教育関連規定の見直しを提案している（37 Pa. Bulletin 4872）。修正の範囲は、①学校区の教育計画関連規定、②州の監督関連規定、③特別教育関連規定、④総則規定、⑤評価（再評価）関連規定、⑥ GIEP 関連規定[30]、⑦デュープロセス・ヒアリング関連規定と多岐にわたっており、16章のほぼ全体を細かく見直している。この改正案は、地域公開討論会や公聴会などで幾度も検討が重ねられた末に2008年に採択され現在に至っているが、メンタリー・ギフテッドの定義や章の目的、才能教育プログラムの承認などに関する総則規定は見直しの対象とされておらず、才能教育制度の基本姿勢は従来通り維持されている。

## V．おわりに

　本稿では、才能教育の法制化が進む米国ペンシルベニア州に着目して、才能

教育の法制度上の位置付けとその特質について検討してきた。そこで最後に、得られた知見を基にギフテッドの教育保障についての考察を行っておきたい。

まず、才能教育の法制化に関する歴史をたどると、同州における才能教育法制化の端緒は、1961年の公立学校法改正によって特別教育の対象となる「例外的な子ども達」の範囲が拡張されたことにあった。その背景にはスプートニクショックによってもたらされた旧ソ連に対抗し得る優れた人材育成という国家レベルでの効率主義的・国際競争主義的な教育政策の影響があるものの、特別教育の対象が障害児に限定されなくなったことでギフテッドの認定や才能教育プログラムの実施が公的に認められるようになっている。その後も同州では特別教育に関する法整備が進められ、ギフテッドも障害児と同様、「例外的な子ども達」に該当することを明示した上で両者を法的に対等な存在として扱ってきた。その結果、ギフテッドにもIEPに基づく教育プログラムが実施されるなど、個々の教育的ニーズに応じた指導が保障されるようになっている[31]。また、学校側の対応に不満がある場合には、非公式の話し合いや調停（22 Pa. Code, Sec. 16.64）の機会だけでなく、デュープロセス・ヒアリングといったより厳格な教育行政上の不服申立制度が設けられるなど、ギフテッドに対する適切で公正な教育機会の確保にも力が注がれている。2000年には才能教育に関する規定が分離独立する形で特別教育関連法規の再編がなされたが、ギフテッドに対する法的保護の在り方に大きな変化は見られない[32]。

このようにペンシルベニア州では、1960年代以降「通常教育」の対概念として、一般に障害児教育を意味する「特別教育」ではなく、より広義の意味で「例外的な教育」「例外的な子ども達のための特別教育」といった言葉が用いられており、才能教育はそうした教育の一類型として障害児教育に劣後することなく制度化されている点に法制度上の大きな特色がある。

また、ギフテッドも障害児もともに「例外的な子ども達」として一体的に法整備が進められてきた結果、障害児教育の領域で用いられるアプローチが才能教育においても広く取り入れられている点もペンシルベニア州の大きな特徴である。例えば障害児教育の場合、IDEAなどによって、対象となる子どもの探索義務やIEPの作成義務が課せられている。また、デュープロセスが保障され、当事者間の紛争解決のために、調停や聴聞会などの制度も設けられている。し

かし、全米才能教育学会（National Association for Gifted Children）の全国調査によると、こうした義務や制度を才能教育の領域に全て取り入れている州は全米でも僅か6州にすぎず、ペンシルベニア州はその数少ない州の一つとなっている[33]。

　それでは次に、公教育制度としての公平・公正性についてはどう考えるべきであろうか。これまで比較的裕福な白人の子ども達が才能教育プログラムに多く参加していたこともあり、才能教育は米国でも教育機会の公平性に反する「エリート教育」であるとの批判がなされてきた。しかし、ペンシルベニア州においては、障害児教育と同様、個々の子ども達の特別な教育的ニーズへの対応が強調されており（22 Pa. Code, Sec. 16.1, 16.2）、特定の社会経済階層の地位や価値観の再生産を制度目的とはしていない。また、ギフテッドの認定において社会的・文化的に不利な子ども達に配慮する規定が設けられ（22 Pa. Code, Sec. 16.22（g）（2）（3））、ギフテッドの認定や教育的配置に関する手続き上の保護規定（22 Pa. Code, Sec. 16.61-65）も充実している。さらに、子どもの学習のレディネスに応じて飛び級や飛び入学が柔軟に認められるものの、進級・進学時に何らかの優遇措置や優越的地位が付与されるということもない。こうした点を踏まえると、ペンシルベニア州における才能教育はあくまで学校教育上のマイノリティであるギフテッドに対する教育支援制度として存在しており、一般の子ども達の教育上の権利を阻害するようなエリート主義的な側面は希薄であると結論付けられるだろう。

　ただし、こうした才能教育の位置付けや特質にもかかわらず、ギフテッドに対する教育保障の在り方には法的な課題が少なくない。例えば、学校区が提供する才能教育プログラムの適切さについては、これまでしばしば司法の場で争われてきた。これに関し州裁判所は、ギフテッドを対象とした全体的な拡充教育だけでは足りず、生徒の能力に応じて個別化された科目ごとの指導プログラムの必要性を認める一方で、子どもや保護者が求めることが出来る教育的措置には一定の限界があることを認めている[34]。

　また、ギフテッドの認定に関して言えば、ペンシルベニア州において認定されるギフテッド（メンタリー・ギフテッド）は、その認定基準としてIQの高さが重視され、才能の認定領域も知的能力や創造性に限定されている。しか

し、連邦法である初等中等教育法（Elementary and Secondary Education Act）
が1978年の改正によって本格的なギフテッドの定義を示して以来、各州では
才能の多元性を重視し、リーダーシップ能力や舞台・視覚芸術など、知的能力
以外の才能も広くギフテッドの認定領域に含めるようになっている[35]。従って、
今後、才能の多元性やギフテッドの認定領域をどこまで認めていくのかが、ギ
フテッドの教育保障を考える上での課題の一つと言えるだろう[36]。

　なお、本稿ではギフテッドの教育保障が重視されていることの表れとして、
学校や行政側の決定に対する不服申し立て制度の存在を指摘したが、調停や
デュープロセス・ヒアリングに関する具体的な制度内容及び実施状況について
は詳しく検討することは出来なかった。しかし、才能教育の実施にあたって実
際にどのような事柄が当事者間で問題となり、それが教育行政上どのようなプ
ロセスを経て解決されているのかという点を明らかにすることは、ギフテッド
の教育保障の実体を知る上で非常に重要となる。この点の解明については今後
の課題としたい。

### 注

1)　例えばシンガポールでは、2008年に中等教育レベルの才能教育プログラムが廃止
　　されたが、その後もエリート主義的な才能教育に対する批判がしばしばなされてい
　　る。Tan, J.（2018）. *Lawyer-Poet Amanda Chong: Gifted Programme Has Evolved to
　　Become "Another Badge of Elitism."* Mothership.（https://mothership.sg/2018/05/
　　gifted-education-programme-singapore-amanda-chong/. 2021年7月1日最終閲覧）

2)　山内乾史（2012）「才能教育について（概説）─日本における状況─」『比較教育
　　学研究』第45号, pp.3-21.

3)　諸外国の才能教育の特徴については、山内乾史編著（2018）『才能教育の国際比較』
　　東信堂を参照のこと。

4)　連邦教育省公民権局の統計資料（2017-2018 Gifted and Talented Enrollment
　　Estimations）によれば、米国では、公立学校に通う子ども達（約5,092万人）のうち、
　　約332万人（全体の6.5%）の子ども達がギフテッドとして様々な才能教育プログラ
　　ムに参加しているとされる。（https://ocrdata.ed.gov/estimations/2017-2018. 2021年
　　7月1日最終閲覧）

5)　深堀聰子（2011）「才能児の教育ニーズへの対応」江原武一・南部広孝編著『現代
　　教育改革論』放送大学教育振興会, pp.53-68.

6)　米国では、障害児教育と同様、才能教育の領域でも RTI（Response to Intervention）

モデルが活用されているほか、才能と障害を併せ持つ 2E（twice-exceptional）と呼ばれる子ども達に対して特別な教育支援も行われている。関内偉一郎（2020）『アメリカ合衆国における才能教育の現代的変容―ギフテッドをめぐるパラダイムシフトの行方―』三恵社。

7)　本多泰洋（2008）『オーストラリア連邦の個別化才能教育―米国および日本との比較―』学文社 , pp.106-113.

8)　Pennsylvania Department of Education（2014）. *Gifted Education Guidelines*. p.3.（https://www.education.pa.gov/Documents/K12/Gifted%20Education/Gifted%20Program%20Guidelines.pdf. 2021 年 7 月 1 日最終閲覧）

9)　Pasuit, J. C.（1985）. *A Legal Definition of an "Appropriate" Education of Identified Gifted Students in Pennsylvania*（Ph.D. Dissertation, University of Pittsburgh, Pennsylvania）. ProQuest Dissertations Publishing, p.25.

10)　Jolly, J. L.（2009）. A Resuscitation of Gifted Education. *American Educational History Journal*, 36（1）, pp.37-52.

11)　ただし同委員会は才能教育プログラムについて、これを法的に義務付けるのではなく、一つの選択肢として利用出来るようにすべきであるとし、オプション的な位置付けにとどめている。Pasuit, J. C.（1985）. *op.cit.,* p.25.

12)　なお、社会的・情緒的に困難を抱える子ども達を支援するプログラムに対しては、7 万 5 千ドルを限度として資金提供を行う決定がなされている（Sec. 8, Article XIII of Act 546）。

13)　24 P. S. Sec.1371 note；U.S. Office of Education（1963）. *Talent: A State's Resource, A State's Responsibility*. Report of a Conference of State Department of Education Directors of Programs for the Gifted, Washington, DC: U.S. GPO, p.51.

14)　Pennsylvania Department of Education（2014）. *op.cit.,* p.6.

15)　Pennsylvania Legislative Budget and Finance Committee（2013）. *The Status of Special Education for Gifted Students in the Commonwealth*. p.22.（http://lbfc.legis. state.pa.us/Resources/Documents/Reports/479.pdf. 2021 年 7 月 1 日最終閲覧）

16)　州教育委員会は、1963 年に州議会によって設立され、州の教育に関する行政規則（State Board Regulations）を制定する権限を有している。教育行政規則の審議過程は官報（Pa. Bulletin）で公示され、制定された教育行政規則は、州の教育法典（22 Pa. Code）に採録される。

17)　センテニアル学校区訴訟（Centennial School District v. Commonwealth Department of Education, 539 A.2d 785（Pa. Cmwlth. 1988）判決文及び注 1 参照。

18)　Catherine D. v. John C. Pittenger, Civil Action No. 74-2435（E.D. Pa., filed September 20, 1974）；State-Federal Information Clearinghouse for Exceptional Children（1974）. *A Continuing Summary of Pending and Completed Litigation Regarding the Education of Handicapped Children*. Council for Exceptional Children, pp.33-34.（https://mn.gov /

mnddc/parallels2/pdf/70s/74/74-CSC-CEC.pdf. 2021 年 7 月 1 日最終閲覧）

19）当事者間の合意を承認する裁判所の命令。裁判上の和解として、同意命令には法
　　的拘束力や強制力を伴う。

20）Center for Law and Education (1976). *Student Classification Materials: June 1976
　　Supplement.* Cambridge, MA: Harvard University, p.35.

21）Pennsylvania Legislative Budget and Finance Committee (2013). *op.cit.,* p.22；
　　Pennsylvania Department of Education (2014). *op.cit.,* p.6.

22）ただし、中等教育段階での特別クラスの設置および特別教育プログラムの実施は、
　　各学校区の教育委員会の裁量により、1978 年 9 月まで延期が可能とされた。

23）もっとも、ペンシルベニア州の法律のみが認定されたギフテッドの権利を規定し
　　ているので、連邦地方裁判所に上訴することは出来ない。

24）Pennsylvania Department of Education (2014). *op.cit.,* p.6.

25）吉利宗久（2007）『アメリカ合衆国におけるインクルージョンの支援システムと
　　教育的対応』渓水社, p.50.

26）Pennsylvania Legislative Budget and Finance Committee (2013). *op.cit.,* p.23.

27）*Ibid.,* pp.23-24.

28）IRRC は、規制審査法の規定（Regulatory Review Act, 71 P. S. Sec. 745. 5）に基づき、
　　パブリックコメント期間の終了から 30 日以内にコメントを発行することが出来、
　　州教育委員会などの行政機関は、規則改正の最終案において IRRC のコメントを考
　　慮しなければならない。Independent Regulatory Review Commission (2011). *The
　　Regulatory Review Process in Pennsylvania.*（https://senate.texas.gov/cmtes/82/
　　c510/0410BI-PIRRC-Proce ss.pdf. 2021 年 7 月 1 日最終閲覧）

29）この章は、用語の定義や章の目的などを記した一般規定の他、ギフテッドの認定
　　に必要なスクリーニング及び評価プロセスに関する規定、個別教育計画に関する規
　　定、教育的配置や手続き上の保護規定などによって構成されている。

30）ペンシルベニア州では、ギフテッド用の IEP を特に GIEP (Gifted Individualized
　　Education Plan) と呼んでいる。

31）現在ほぼ全ての州で才能教育が制度化されている米国においても、IEP の作成を
　　才能教育の領域で義務付けている州は全体の約 5 分の 1 (11 州) にとどまるとされ
　　る。Pennsylvania Legislative Budget and Finance Committee (2013). *op.cit.,* p.21.

32）なお、才能教育行政に関しては、州教育省の特別教育局（Bureau of Special
　　Education) と学習支援局（Bureau of Teaching and Learning Support) の両部局が
　　責任を共有している。

33）Pennsylvania Legislative Budget and Finance Committee (2013). *op.cit.,* pp.21-22.

34）例えば州最高裁判所が 1988 年のセンテニアル学校区訴訟（Centennial School
　　District v. Commonwealth Department of Education) において下した判決では、「ギ
　　フテッドに対する指導は、個別プログラムによって生徒の能力を『極限まで高める

（maximize）』ことまでを必要とするものではない。……学校区は、IQ130 を超える全ての生徒がハーバード大学やプリンストン大学に入れるようにすることまで求められているわけではない」（para.7）とし、州が学校区に才能教育の実施を義務付けている場合であっても、学校区は州の要求を満たすために実施する通常の才能教育プログラムの範囲を超える特別な教育機会を生徒一人ひとりの教育的ニーズに合わせて提供する必要はないと判示している。

35) 1978 年の初等中等教育法の教育修正条項（Educational Amendment of 1978, P. L. 95-561, Ⅸ（A））では、才能の領域として、1）一般的な知的能力、2）特別な学問的適性、3）創造的または生産的な思考、4）リーダーシップ能力、5）視覚あるいは舞台芸術、の 5 つの領域が示されている。

36) 2009 年度のギフテッドの認定率は約 4.3%とされ、全米でも平均的な割合にとどまっている。Pennsylvania Legislative Budget and Finance Committee（2013）. op.cit., p.5.

原　著

# 言語障害教育教員養成の特質と社会的役割
―北海道教育大学言語障害児教育教員養成課程（臨時）を事例として―

田中 謙

（日本大学文理学部）

　本研究は「北海道教育大学言語障害児教育教員養成課程（臨時）」を事例に、その特質と社会的役割を明らかにすることを目的とした。

　その結果、特質に関しては、「言語障害児教育を担当する教員」を「短期間に養成」することを目的として、全道的に小学校等の現職教員が北海道教育委員会による1年間の長期研修者として在籍しており、カリキュラムに関しては、現職教員を主な対象としているため、言語障害および言語の課題が関係する障害種に関しての科目が編成されていた。さらに、言語障害児教育教員養成課程（臨時）では現職教員のみならず、言語障害児・者の支援に携わる医療、福祉専門職の養成・研修機関としても機能していた可能性が考えられた。

　その上で、同課程の社会的役割としては、道内における言語障害特殊学級等担当者の養成を担い、ことばの教室等の設置に係る原動力となる社会的装置として機能していたことを指摘した。

---

**キーワード**

言語障害教育教員養成　teacher training for children with speech and language disorders

北海道教育大学　Hokkaido University of Education

言語障害特殊学級　resource room for children with speech and language disorders

社会的役割　social roles

# Ⅰ．問題の所在と研究目的

　本研究は「北海道教育大学言語障害児教育教員養成課程（臨時）」を事例に、言語障害教育教員養成課程の特質とその社会的役割を明らかにすることを目的とする。

　石井・折原（2020）が「インクルーシブ教育を実践」する上で、「すべての子供たちが一緒に生活する場を保障すること」と「ひとり一人の教育的ニーズを把握し、持てる力を高めること」を「両立する」ための指導形態として、通級による指導は「特別支援教育の中核を担うシステム」であると評価するように（石井・折原，2020, 19）、学校現場等における特別なニーズに対応した支援を行う場として、今日の教育制度下で通級指導教室はインクルーシブ教育を進めるための重要な役割を担うと考えられる。しかしながら、伊藤・柘植・梅田他（2015）が通級指導教室担当者は「高い専門性」を必要とするため、更なる研修の充実の必要性を指摘するように（伊藤他，2015, 35-36）、その担当者養成には課題が山積している現状がある。特に、言語障害児教育に対応する教員免許制度が確立していない等の理由により、教員養成課程を有する大学等養成校においても、通級指導教室担当者の養成を企図したカリキュラムを編成している大学等養成校は限られている。

　このような現状の中で、戦後日本においては、主に1960 〜 1970年代に国立大学教育学部に言語障害児教育教員養成課程が設置された歴史を確認することができる。戦後日本の特殊教育に係る教員養成（以下、特殊教育教員養成）に関しては、1948（昭和23）年の盲学校・聾学校義務制施行に伴い、盲学校・聾学校教員免許取得のための盲学校教員養成課程が1953（昭和28）年広島大学に、聾学校教員養成課程が同年東京学芸大学に設置された。その後、1956（昭和31）年6月「公立養護学校整備特別措置法」（1956（昭和31）年6月14日法律第152号）公布により公立養護学校の開設が進められ、養護学校の増加に伴い養護学校教員免許状の取得可能な養護学校教員養成課程の需要が高まり、1959（昭和34）年12月中央教育審議会答申「特殊教育の充実進行について」を受けて大学行政下で国立大学の教員養成学部での養成課程設置に関する政策

が進められた。

　このような歴史的変遷に関して、小川（1994）は東京学芸大学養護学校教員養成課程を初め、国立大学教員養成学部に課程が順次設置されるとともに、肢体不自由、病弱、言語障害等の教員養成課程も設置され、「障害種別の教員養成」の「多様化」が生じたことを指摘している（小川, 1994, 168）。片田他（1996）によれば、「昭和30年代から40年代」に「国立大学教育学部において障害児教育に関わる教員養成が開始」され、養護学校義務制を見通した1973（昭和48）年以降に、4年制課程とは別に「現職教員や教員免許所持者」を対象とする「臨時教員養成課程」「特殊教育特別専攻科」が国立大学教員養成学部に設置されたことが指摘されている（片田他, 1996, 246）。この小川（1994）、片田他（1996）に指摘されるように戦後日本の特殊教育教員養成は、盲学校、聾学校、そして養護学校の義務制実施に伴い、拡充する教員需要に対応するため養成課程が設置され、その文脈の中で言語障害に関しても課程設置が図られてきた経緯を有すると考えられる。

　その上で、言語障害児教育を担う担当教員の養成については、文部省特殊教育課教科調査官であった加藤（1970）が、3つの系譜の存在を示している。1つが東京学芸大学（昭和43年度）、大阪教育大学（昭和45年度）に設置された4年制の「言語障害教育教員養成課程」、2つ目が金沢大学、大阪教育大学、愛媛大学に設置された「言語障害児教育臨時教員養成課程」[1]、そして現職教員を対象とした「内地留学制度」である。言語障害児教育における担当者養成の展開過程を明らかにする上では、少なくとも上記3つの系譜について明らかにする必要がある。このうち、本研究で焦点を当てる2つ目の言語障害児教育臨時教員養成課程に関しては、田中（2016）で「言語障害特殊学級担当教員の需要に対応する」ことを目的に、1年制の課程が1969（昭和44）年に金沢大学、大阪教育大学、愛媛大学、1971（昭和46）年に北海道教育大学、1975（昭和50）年に宮城教育大学、1976（昭和51）年に横浜国立大学、1978（昭和53）年に福岡教育大学、1979（昭和54）年に千葉大学にそれぞれ設置されたことが指摘されている。

　しかし、国立大学に設置された言語障害児教育臨時教員養成課程はどのような経緯で上記の当該校に設置されたのかについては明らかにされていない。ま

た言語障害児教育臨時教員養成課程が日本の特殊教育制度下で言語障害特殊学級整備や1993年の「通級による指導」制度化の中でどのような役割を担っていたのか、1990年代以降特別専攻科等への改組の中で言語障害児教育臨時教員養成課程の系譜はどのように統合・発展して今日に至るのか等、歴史的経緯や社会的意義に関しては未解明の研究課題を有している。

　このような研究課題があげられる中で、田中・瀧澤（2017）は、教員養成課程の設置による担当者養成が言語障害特殊学級設置の一つの原動力となった可能性を示している[2]。特に4年制課程の設置が当初東京学芸大学、大阪教育大学に限られていたことを考慮すると、特に北海道や北陸、四国地方等の地方部においては、言語障害児教育臨時教員養成課程の設置が言語障害特殊学級設置拡充を図る社会的装置として機能した可能性が考えられる。しかしながら、言語障害児教育臨時教員養成課程の実態解明や言語障害特殊学級設置拡充に果たした社会的役割等の実証作業は未着手である。そこで本研究では、上記の可能性の検証を行う検証作業の端緒として、「北海道教育大学言語障害児教育教員養成課程（臨時）」（以下、養成課程（臨時）と表記）を事例に特質とその社会的役割に関する検証を行う。特に特殊教育制度下においては、障害種別の盲・聾・養護学校に応じた教員養成課程が設置されていた。その中で言語障害は当該学校種が存在しないため、言語障害児教育臨時教員養成課程ではどのような目的や誰を対象に養成課程設置がなされ、どのようなカリキュラム編成を行っていたのか等、養成課程の特質に関して十分な検証がなされているとは言い難い。そこで本研究の検証に際しては、特に養成課程（臨時）設置初期の特質を、社会的役割に関する分析と併せて実施することとした。

## II．研究方法

### 1．分析対象事例

　日本の言語障害特殊学級の設置は、1962（昭和37）年「学校教育法および同法施行令の一部改正に伴う教育上特別な取扱いを要する児童・生徒の教育的措置について」（昭和37年10月18日付け文初特第380号）が示されたことを受け、学級の設置数が「急激」に増加していったとされている（文部省編, 1978,

476)。その中でも北海道は1980年度には小学校言語障害特殊学級設置数が全
国で一番多く設置されており（田中・瀧澤, 2017, 43）、学級設置が先進的に進
められた地方公共団体であるといえる。

　この背景要因として、本研究では北海道は言語障害児をもつ保護者の言語障
害特殊学級設置と担当する教員の養成に係るニーズが高く、実際に養成課程
（臨時）の設置により担当者養成が推し進められたことで学級整備が展開して
いったと考える。本研究で対象とする養成課程（臨時）は、1971（昭和46）
年に全国4番目に設置された養成課程であるが、後述のように親の会等の働き
かけを受けて課程設置がなされた経緯があり、1969（昭和44）年設置の先行3
大学には見られない特徴を有している。そのため、学級設置拡充に養成課程が
果たした社会的役割等を分析する上で、北海道教育大学の事例を取り扱うこと
は上述の研究課題を検証可能な適切な事例と考え、分析対象事例に選定した。

## 2. 分析対象時期および分析史資料

　本研究において、分析対象時期は養成課程（臨時）が設置されていた1971
（昭和46）年〜1992（平成4）年度を設定する。なお、分析に際しては、養成
課程の特質を明らかにするため、特質が顕著に表れていると考えられる1970
年代の設置初期に着目した。

　分析史資料は養成課程（臨時）で作成された未公刊資料および北海道教育大
学札幌分校編『学生便覧』（昭和46〜55年度版）、社団法人北師教育文化振興
会編『北師』（北支同窓会名簿、1971〜1992年度各年度版）等を主に用いる
こととした。また、本研究を行うにあたっては、1971（昭和46）年に真駒内
養護学校言語治療教室担当者を務めていた本間正吉氏に、2016年8月29日に
聞き取り調査を実施した（以下、敬称略）。その際、聞き取り調査の内容を研
究に使用する旨を説明し、データ使用の同意を得て、研究倫理の遵守に努め
た。聞き取り調査に関しては、ヴァレリー（2005/2011）のオーラルヒスト
リー法を参考とし、半構造化方式で実施し、記録方法はメモによる筆記方法を
採用した。筆記記録はインタビュー終了後、整理・再構成し、フィールドノー
ツとしてまとめた。

　まず養成課程（臨時）の特質に関しては、養成課程設置の経緯を示した上

で、特に創設期と考えられる1971（昭和46）～ 1973（昭和48）年度の第1～
3期の資料を基に、養成課程設置の目的、対象、カリキュラム（科目）編成を
中心に分析を行う。養成課程設置における目的、対象、カリキュラム（科目）
編成の分析に関しては、鈴木（2020）が特別教科（音楽）教員養成課程設置を
対象に教員養成課程が果たした役割の検証を行っているように、養成課程を分
析する際の分析枠組みとして採用され、研究成果を示している。本研究もこの
枠組みを援用して、養成課程（臨時）の特質を検証する。

　次いで養成課程（臨時）の社会的役割に関しては、同課程修了者が言語障害
特殊学級等のことばの教室や幼児ことばの教室担当者の養成機能を果たしてい
たのかどうかを指標として設定し[3]、本研究では同課程修了者の動向分析を
行った。分析方法としては、社団法人北師教育文化振興会編『北師同窓生名
簿』各年度版で同課程修了者の同定作業を行い、同定された課程修了者の配属
先（配属学校）を修了翌年度刊行の北海道教職員組合編『北海道教育関係職員
録』各年度版を用いて同定した。分析に際して当時の在籍者に関する公式の学
生名簿の入手は叶わず、二次資料の使用による分析上の制約と限界が生じた。
そのため、社会福祉施設等への就業者を含む同定作業の過程においては、課程
修了者への聞き取り調査を2014（平成26）年4月～ 2020（令和2）年12月ま
で実施して、可能な範囲で資料の不足分を補うこととした[4]。なお、資料の活
用にあたっては、北海道言語障害児教育研究協議会元事務局長A氏を通じて社
団法人北師教育文化振興会に資料の使用許可を取り、同会の「個人情報保護基
本方針」に基づき本研究にのみ資料を用いることとした。


## Ⅲ. 北海道教育大学言語障害児教育教員養成課程（臨時）の特質

### 1. 北海道教育大学札幌分校における言語障害児教育教員養成課程（臨時）の設置

　北海道では千葉市立院内小学校で教育を受けた児童の保護者谷本保子を初代
会長とし、1963（昭和38）年7月24日北海道言語障害児親の会（1968（昭和
43）年北海道言語障害児をもつ親の会連絡協議会へ改組）が発足した。同会は
8月に札幌市教育委員会主催の言語障害児教育座談会に参加し、お茶の水女子

大学助教授田口恒夫より、学級設置に必要な「教員養成機関設置の必要性」を助言されていた（言語障害児をもつ親の会北海道協議会編, 1990, 31）。そのため、同会では「言語治療を必要とする子ども」が道内に多数いる実態を踏まえ、「『教室という建物』が確保でき『期待に応える指導者』が配置されることが何より基本的で分離できない一体化した要求」であると認識し、教員養成機関設置を行政・大学へ要求した（言語障害児をもつ親の会北海道協議会編, 1990, 53）。

　具体的には北海道言語障害児親の会は1965（昭和40）年8月26日には北海道議会・札幌市議会へ言語障害特殊学級設置に関する請願・陳情を行い、その中で担当教員の養成に関する要望事項を示した。札幌市議会請願第174号「言語障害教育センター設置要望等に関する請願」では、「学芸大学の特殊教育科に言語治療学の講座を設けて、指導者の養成をはかるように、関係方面に働きかけをしてもらいたい」事項があげられた。本請願は同年12月23日の札幌市議会で採択され、併せて札幌市議会議長名で文部省、厚生省、北海道知事、北海道議会議長宛に意見書を提出することも可決された。親の会では発足当初から担当者養成を学級設置推進の重要課題と位置づけ、行政や北海道教育大学へ養成機関設置を働きかけていた。

　さらに1970（昭和45）年に北海道で最初に言語治療学級が設置された真駒内養護学校校長で北海道特殊学校長会長であった藤原直樹を会長に、北海道小学校・中学校長会、精神薄弱教育研究連盟、都市教育長会、町村教育委員会連絡協議会、PTA連盟、社会復帰促進協議会の各団体の長を構成員として組織である言語治療技術養成課程設置期成会（以下、期成会）が結成され、教育行政、学校、教員も設置に向け働きかけを展開した（言語障害児をもつ親の会北海道協議会編, 1990, 53-54）。北海道言語障害児をもつ親の会協議会も同年6月7日に期成会に参加し、期成会と協働して、文部省、町村金五北海道知事、北海道教育委員会、北海道議会、北海道教育大学へ陳情等を展開していった。

　北海道教育大学は、札幌分校、旭川分校、函館分校、釧路分校、岩見沢分校（1954（昭和29）年札幌分校岩見沢分教場から分校に改組）の5分校で構成された国立大学であり、そのうち札幌市に所在した札幌分校には、1960（昭和35）年から、「主に現職教員を対象」とする「養護学校教員養成の臨時課程

(1年課程、半年課程）が設置」されていた（北海道教育大学50周年記念誌編
集委員会編，1999, 24）。中教審答申「特殊教育の充実振興についての答申」内
の「数か所の国立大学に養成課程を設け、普通免許状所有者のうちの希望者に
ついて養成を行なうこと」を受け、1960年代文部省は「養護学校教員の需給
の円滑化を図る」ことを目的に現職教員を対象とした1年制の臨時課程設置を
進めており、北海道教育大学にもこの臨時課程が設置されていた（文部省編，
1978, 294-476）。

　その後1960年代後半に入ると、「臨時養護学校教員養成課程のなかに教育委
員会の派遣によって言語治療教師としての研修を必要とする学生」の増加がみ
られるようになり（東京学芸大学創立二十周年記念会編，1970, 313）、特殊教
育総合研究調査協力者会議「特殊教育の基本的な施策のあり方について」（報
告）（昭和44年3月28日）の中でも特殊教育職員の養成について「普通免許状
所有者および現職教員の志望者の中から養成する課程を拡充すること」が提言
された。このような動向の中で、北海道教育大学は臨時課程は「ほぼ役割をお
え」たと経営判断し、1971（昭和46）年3月31日に半年課程、1972（昭和47）
年3月31日に1年課程の廃止を決め、1971（昭和46）年2月に「言語障害児の
ための教員養成」の設置を発表した。

　同年4月に北海道教育大学には新たに言語障害児教育教員養成課程（臨時）
が設置された。言語障害児教育教員養成課程（臨時）は、1993（平成5）年度
に「北海道教育大学特殊教育特別専攻科重複障害児教育専修」設置に伴い廃止
されるまで、21年間札幌分校に設置され、道内の言語障害特殊学級担当者の
養成を担っていた。その創設には、親の会、期成会といった北海道内の言語障
害特殊学級設置を推進する関係者の大学への働きかけがあった。金沢大学の課
程設置の場合、文部省大学学術局教職員養成課から2年制の「聾学校臨時課
程」の廃止と引き換えに設置の打診を受けて課程設置を行っており、親の会や
校長会等の言語障害特殊学級関係者や県・市町村行政による働きかけは確認さ
れていない（田中，2016）。従って、北海道教育大学の養成課程（臨時）は、
文部省の主に現職教員を対象とした教員養成政策下で、道内の言語障害特殊学
級設置に関わるアクターの働きかけを受けて設置がなされたということができ
る。

## 2. 養成課程（臨時）の目的

　養成課程（臨時）の目的に関しては、「養成課程（臨時）に関する規程」（以下、規程）から分析を試みる。本規程は設置に際して整備がなされたもので全15条で構成されており、北海道教育大学札幌分校編『学生便覧』から少なくとも1980（昭和55）年まで「入学検定料」「入学料金」「授業料」の金額以外の変更はなされていないことが確認された。

　規程では第1条「本学学則第4条第2項に基づき、言語障害児教育教員養成課程（臨時）を置く」、第2条「本課程は、言語障害児教育を担当する教員を短期間に養成することを目的とする」、第3条「本課程の修業年限は、1カ年とする」、第4条「本課程の入学定員は、20名とする」ことが確認できる。このことから、同課程の基本的性格として、「言語障害児教育を担当する教員」を「短期間に養成」することが目的とされたことが確認できる。そのため、言語障害児教育教員養成課程（臨時）は「教員養成大学・学部の卒業生」「現職教員」を対象とし、20名の定員で1年の臨時課程として設置された。

　この対象や修業年限は、井原・峯本（1986）の中の1969（昭和44）年1月28日文部省で行われ愛媛大学関係者が参加した「特殊教育教員養成課程（1年課程）打合わせ会」で教職員養成課長から示された言語障害教育臨時教員養成課程（1年課程）設置要領（抄）」と同様の設定である。従って、各大学が国の設置要綱に従って規程を策定する中で、北海道教育大学もこの設置要綱に示された目的や修業年限を設定していた。

## 3. 養成課程（臨時）の対象

　Table 1では、北海道教育大学編（1980）、北海道教育大学50周年記念誌編集委員会（1999）を基に、養成課程（臨時）の対象となった各年度の在籍学生数の推移を示した。Table 1より、各年度の平均定員充足率は79.5％と約8割であること、合計21年間で350名の修了学生を輩出したことも併せて見て取れる。

　社団法人北師教育文化振興会編（2012）によると、1971年度（1972年3月修了）の第1期12名に関しては、前年度札幌市内の学校に在籍していた教員、学生の他に、函館市、小樽市、旭川市、室蘭市、北見市、岩見沢市、留萌市、士

別市、標茶町の学校に在籍していた教員が、長期研修者として北海道教育委員会より派遣されていたことが確認できる。同様に1972年度（1973年3月修了）の第2期17名に関しては、函館市、小樽市、室蘭市、釧路市、帯広市、岩見沢市、留萌市、赤平市、士別市、熊石町、枝幸町から、1973年度（1974年3月修了）の第3期14名に関しては、苫小牧市、留萌市、福島町、今金町、島牧村、ニセコ町、清里町、雄武町からそれぞれ教員が派遣されていたことが確認できる。つまり派遣前の所属から、札幌市以外で第1期は8支庁、第2期は9支庁、第3期は6支庁に所在する学校等の教員が長期研修派遣されていることになる。従って養成課程（臨時）の対象は第1～3期だけでも札幌市を石狩支庁内と考えれば、日高支庁・根室支庁以外からは教員が長期研修派遣されており、同課程が全道的な担当者の養成を担っていたと考えられる。

### Table 1　各年度在籍学生数一覧

| 期 | 年度（和暦） | | 男性 | 女性 | 合計 | 定員充足率(%) | 期 | 年度（和暦） | | 男性 | 女性 | 合計 | 定員充足率(%) |
|---|---|---|---|---|---|---|---|---|---|---|---|---|---|
| 1 | 1971 | S46 | 11 | 1 | 12 | 60.0 | 13 | 1983 | 58 | 8 | 11 | 19 | 95.0 |
| 2 | 1972 | 47 | 11 | 6 | 17 | 85.0 | 14 | 1984 | 59 | 6 | 11 | 17 | 85.0 |
| 3 | 1973 | 48 | 9 | 5 | 14 | 70.0 | 15 | 1985 | 60 | 7 | 13 | 20 | 100.0 |
| 4 | 1974 | 49 | 9 | 1 | 10 | 50.0 | 16 | 1986 | 61 | 7 | 11 | 18 | 90.0 |
| 5 | 1975 | 50 | 8 | 11 | 19 | 95.0 | 17 | 1987 | 62 | 5 | 14 | 19 | 95.0 |
| 6 | 1976 | 51 | 9 | 5 | 14 | 70.0 | 18 | 1988 | 63 | 5 | 11 | 16 | 80.0 |
| 7 | 1977 | 52 | 6 | 9 | 15 | 75.0 | 19 | 1989 | H元 | 3 | 16 | 19 | 95.0 |
| 8 | 1978 | 53 | 12 | 7 | 19 | 95.0 | 20 | 1990 | 2 | 2 | 4 | 6 | 30.0 |
| 9 | 1979 | 54 | 8 | 12 | 20 | 100.0 | 21 | 1991 | 3 | 3 | 6 | 9 | 45.0 |
| 10 | 1980 | 55 | 6 | 13 | 19 | 95.0 | 22 | 1992 | 4 | 2 | 10 | 12 | 60.0 |
| 11 | 1981 | 56 | 8 | 10 | 18 | 90.0 | | 合計 | | 151 | 199 | 350 | 79.5 |
| 12 | 1982 | 57 | 6 | 12 | 18 | 90.0 | | 平均 | | 6.9 | 9.0 | 16.0 | |

（北海道教育大学編（1980）等を基に筆者作成）

## 4．カリキュラム（科目）編成および運営

養成課程（臨時）のカリキュラム（科目）に関しては、Table 2のような編成がなされていた。最低必修単位数が開設科目総単位数46単位のうち32単位

で設定されており、そのうち必修科目が9科目26単位設定されている。そのため、最低必修単位数の8割以上が必修科目で開設されていたことがわかる。1年制の課程のため選択性は低く、定められた編成科目を履修する性格が強いといえる。同じ1年制の「言語障害児教育教員養成課程（一年課程）」が設置された大阪教育大学のカリキュラムでは、聾学校教諭免許状取得希望者と養護学校教諭免許取得希望者で履修科目が異なっており、同じ言語障害児教育臨時教員養成課程でも設置大学により異なる編成を行っていた。

　科目編成に関しては「言語」の名称がつく科目が、「言語障害児教育」「言語心理学」「言語障害児診断・治療学」「言語の生理及び病理」「口蓋裂児の言語指導」「脳性麻痺児の言語指導」の6科目、言語障害に関連する科目名称の科目が「構音障害児の指導」「吃音児の指導」2科目確認できる。それ以外にも、「肢体不自由児心理」「精神病理学」「異常児保健」等肢体不自由や情緒障害等の言語障害以外の障害種に関しても、科目の設定がなされていた。肢体不自由や情緒障害は脳性麻痺や緘黙等言語に関連する特性を併有しやすい障害種であり、言語障害特殊学級等で多様なことばの課題の支援に携わる専門職の養成を想定して、カリキュラム内容が構成されていたと考えられる。

### Table 2　養成課程（臨時）カリキュラム（授業科目）一覧

| 授業科目 | 単位数 | 授業科目 | 単位数 |
|---|---|---|---|
| ○特殊教育概論 | 2 | 精神病理学 | 2 |
| ○言語障害児教育 | 2 | ○異常児保健 | 4 |
| 特殊教育政策 | 2 | 情緒障害児研究 | 2 |
| ○特殊児心理 | 4 | 構音障害児の指導 | 2 |
| 肢体不自由児心理 | 4 | 口蓋裂児の言語指導 | 2 |
| ○言語心理学 | 4 | 脳性麻痺児の言語指導 | 2 |
| オペラント条件づけの原理 | 2 | 吃音児の指導 | 2 |
| ○言語障害児診断・治療学 | 2 | ○特殊教育実習 | 4 |
| ○言語の生理及び病理 | 2 | 合計 | 46 |
| ○聴覚の病理 | 2 | | |

1. ○印は必修科目で、その他は選択科目である。
2. 最低必修単位数は、32単位とする。

（北海道教育大学札幌分校編（1971）規程より引用）

　実際のカリキュラム・マネジメントに関して、1972年度（2期生）前期の時間割表は**Table 3**の通りである。課程在籍者のうち現職教員は、北海道教育委員会（各支庁枠）による長期派遣教員として全道から来札しているため、札幌市近郊在住者以外は北海道教育大学紫葵寮に入寮していた。そのため、空き時間も寮の食堂で「学級会」「自主研」（水曜日2・3限）等を実施し、講義内容の復習や真駒内養護学校での臨床学習の振り返り、記録の整理・検討、言語障害特殊学級担当経験者による実践報告等の研修会を行っていた。1年間という限られた期間の中で同級生間でのコミュニケーションを図りながら、言語障害児支援に関する専門性向上に努めていたことがうかがわれる。また「行動分析法」「虚弱児研究」等同課程以外の科目の履修も見られ、言語障害以外の障害種についても教授がなされ、在籍者が履修していた。

　このようなカリキュラム・科目編成のもと、養成課程（臨時）の特質として考えられるのが、科目「言語障害教育」に代表される言語治療学級担当者や医療機関での言語障害支援担当者の非常勤講師採用と臨床的な学習方法、今日でいうアクティブ・ラーニング（以下、AL）による学修形態の採用である。同課程は設立当初特殊教育学科で養護学校教員養成課程を担当していた精神薄弱児の心理学を専門とする木村謙二と、応用行動学を専門とする東正を中心に運営され、1973（昭和48）年木村の北星学園女子短期大学への異動および東の国立特殊教育総合研究所への配置換え以降は、後藤守を中心に運営がなされて

**Table 3　1972（昭和47）年度第2期前期時間割表**

| | 月 | 火 | 水 | 木 | 金 | 土 |
|---|---|---|---|---|---|---|
| 1限 | 精神病理学<br>小片教官 | 構音障害児の指導<br>大西教官 | 特殊教育概論<br>木村教官 | 特殊教育政策<br>稲垣教官 | | |
| 2限 | 特殊児童心理学<br>東教官 | 行動分析法<br>東教官 | 学級会<br>（紫葵寮） | 言語心理学<br>若井教官 | 言語障害児教育演習<br>東教官 | 言語の生理及び病理<br>河村教官 |
| 3限 | 言語障害児教育<br>跡部教官 | オペラント条件づけの原理<br>西沢教官 | 自主研<br>（紫葵寮） | 言語心理学演習<br>若井教官 | 虚弱児研究<br>宮城教官 | |
| 4限 | | 情緒障害児研究<br>山崎教官 | 口蓋裂児の指導<br>伊藤教官 | 肢体不自由児の心理<br>忍教官 | | |

（言語障害児教育教員養成課程第2期生編「二期会」No.2より引用）

いた。その中で、例えば1972年度課程の「言語障害教育」（月曜日3限）担当
者は、1967（昭和42）年から、木村の依頼で特殊教育学科専門科目「ST研究」
の非常勤講師も務めていた北海道真駒内養護学校言語治療教室担当者（教諭）
の跡部敏之であり、「口蓋裂児の指導」（水曜日4限）担当者は札幌医科大学医
学部口腔外科学講座で口蓋裂手術後のハビリテーション・リハビリテーション
等に従事していた伊藤静代であった。特に跡部は田口恒夫に師事した「内地留
学」の一期生であり、全道の言語障害特殊学級創設の際に各地の親の会へ請
願・陳情方法を教授し、学級創設のための実態調査や研修会の講師を務める等
北海道の言語障害児教育実践の先駆者の一人であった。

　このような支援現場で臨床に携わっている担当者等を非常勤講師等として採
用する手法は、北海道教育大学旭川分校に1981（昭和56）年に設置された情
緒障害教育教員養成課程（1年課程）でも「講師に現場臨床第1線の教育者・
医療関係者をむかえ、実践に裏づけられた知見を得ることができる」ために用
いられた方法と同様であった（古川, 1987, 105）。また、「道内の特殊教育に関
係する研究者、実践者」に幅広く非常勤講師を依頼して「教育指導体制に厚み
を持たせ」るという北海道教育大学特殊教育学科の体制整備は、のちの「実地
指導講師」制度へと発展し、「直接観察や指導場面の見学等を必要とする障害
児教育にとって有用なもの」と自己評価されている（北海道教育大学札幌分校
編, 1987, 188）。つまり、非常勤講師の活用方法は、大学設置数が大都市圏と
比べ少なく非常勤講師確保が課題となりやすい北海道の状況を踏まえた経営戦
略であるとともに、修了後言語障害特殊学級担当者を担う現職教員を主な対象
とする課程において、言語障害児教育に関する理論的な知識・技術等の教授の
みならず、実践的指導力の向上につながる現職教員や医療従事者による知識・
技術等の教授も意図した現実的な戦略であった。

　以上のようなカリキュラム（科目）編成に基づき課程のマネジメントは始め
られたものの、本間への聞き取り調査によれば、第1期は「座学はできるけど
ね、実践はどうやるんですかっていうことになった」と、実際にはマネジメン
ト上、特に言語障害児支援に係る具体的な援助技術等を習得する学習方法の見
通しが設立当初にはなかったという。そのため、「真駒内でやっているからそ
こ見に行けばいい」となり、「1期の人たちには全員講義のない時間帯は真駒

内に遊びに来いといつでも子どもいるからっていうふうになった」と、真駒内養護学校を臨床の場として学習する方法がとられた。本間はこの方法に関して、「実習計画とかね、そんなの一切ないんです」と振り返っており、創設期の養成課程（臨時）におけるカリキュラム・マネジメントに関しては、臨床的な学習方法の確立が課題となっていた。

そのため、Table 4のように、養成課程（臨時）でも跡部をはじめとする非常勤講師を中心に、少なくとも設置3年目の1973（昭和48）年度第3期には、

### Table 4　1973（昭和48）年度第3期研修内容および日程

| 昭和48年度言障課程研修内容および日程 | | |
|---|---|---|
| S48.6　研修部 | | |
| 5月16日（水） | | 参観1　真駒内養護学校 |
| | | 参観2　札幌医科大学口腔外科 |
| 5月23日（水） | 研修1　機器の説明・□□□ | |
| 6月1日（金） | | 参観3　社会福祉法人札幌緑花会松泉学院、大倉山学院…… |
| 6月6日（水） | 研修2　教材作成―絵カード・図案作成他 | |
| 6月8日（金） | | 参観4　岩見沢市立中央小学校他 |
| 6月11日（月） | 研修3　検査類実習 | |
| 6月13日（水） | | 参観5　北海道札幌養護学校・札幌市立かしわ学園 |
| 6月18日（月） | 研修4　聴覚について | |
| 6月20日（水） | | 参観6　北海道札幌聾学校 |
| 6月25日（月） | 研修5　言語と大脳 | |
| 6月29日（金） | 研修6　脳性まひ | |
| 7月2日（月） | 研修7　どもり | |
| 7月4日（水） | 研修8　言語発達 | |
| 7月6日（金） | 研修9　言語発達の遅れ | |
| 7月9日（月） | 研修10　留萌大会について他 | |
| 9月以降の研修予定 | | |
| 9〜10月 | ・生育歴調査について | |
| | ・面接法 | |
| | ・構音検査 | |
| | ・選別検査 | |
| | ・聴力検査 | |
| | ・他検査類 | |
| 1〜3月 | ・学級経営 | |
| | ・教材・遊具 | |

※研修の進め方
資料作成（20部）、発表、説明等
資料はできれば1〜2日前に配布

（言語障害児教育教員養成課程第3期資料より引用、一部筆者改編）

札幌市内外のことばの教室や障害者施設等での参観および、言語障害児指導に必要な検査や教材開発等の研修が教育内容に取り入れられていた。この臨床的な学習方法、学修形態の採用は、1年間の養成課程での研修後、全道各地で言語障害治療学級を経営していく担当者が必要な専門性を、現場での学習を通じて習得していけるように企図されていたものであった。

## Ⅳ．養成課程（臨時）の社会的役割

　最後に養成課程（臨時）の社会的役割を検証するため、同課程修了者の動向分析を行った。本作業を通じて資料の誤記により修了者が確定できない年度もあり、全350名中318名の動向について分析した結果を **Table 5** に示す。なお、この数値は修了後2年目以降ことばの教室等担当者となった人数は加算しておらず、修了翌年度のみの数値である。

　**Table 5** に示した通り、まず1971 ～ 1974年度は70％以上が課程在籍前に現職教員であり、課程修了後現職教員はことばの教室担当者として各地域に戻っていることから、課程設置初期はことばの教室担当者や担当予定者の養成機関としての性格が強い。さらに21年間の内16年間（76.2％）で、半数（50.0％）以上の修了生がことばの教室・幼児ことばの教室担当者となっている。北海道の場合養成課程（臨時）設置以前の内地留学制度による派遣教員は1964（昭和39）年2名、1966（昭和41）年2名、1967（昭和42）年4名、1968（昭和43）年3名、1969（昭和44）年4名、1970（昭和45）年2名の7年間で合計17名である（言語障害児をもつ親の会北海道協議会編，1990, 145-150）。言語障害児教育に関する専門的な研修内容で行われる現職研修が、内地留学制度から養成課程への派遣に切り替えられたことで、1年間に言語障害児教育の専門教育を受ける現職教員の数は各年度平均7名（現職教員数総計÷21年間）と増加しており、北海道内では担当者養成の規模は1970年代に入り大幅に拡充されたということができる。

　1970年代は修了者のことばの教室担当者率が一貫して70.0％を超え、特に1971年、1977 ～ 1979年は80.0％を超え、1970年代後半は幼児ことばの教室担当者との人数の増加も確認できる。1978（昭和53）年の北海道内小学校・中

### Table 5　養成課程（臨時）修了者動向

| 年度 | 期 | 在籍人数 | 課程在籍前 | | | | 課程修了後 | | | | | | | | |
|---|---|---|---|---|---|---|---|---|---|---|---|---|---|---|---|
| | | | 現職教員数 | 学生 | その他（不明含む） | 現職教員の割合 | ことばの教室担当者（難聴学級含） | 幼児ことばの教室担当者 | 諸学校教員 | 特殊教育 | その他教員 | 医療・福祉機関職員 | 進学 | その他（不明含） | ことばの教室担当者率 |
| 1971 | 1 | 12 | 11 | 1 | 0 | 91.7 | 10 | 0 | 2 | 0 | 0 | 0 | | 0 | 83.3 |
| 1972 | 2 | 17 | 12 | 4 | 1 | 70.6 | 11 | 1 | 2※ | 2 | 2 | 0 | 0 | 0 | 76.5 |
| 1973 | 3 | 14 | 11 | 2 | 1 | 78.6 | 11 | 0 | 0 | 1 | 1 | 0 | | 1 | 78.6 |
| 1974 | 4 | 10 | 8 | 2 | 0 | 80.0 | 7 | 0 | 0 | 1 | 1 | 1 | 0 | 0 | 70.0 |
| 1975 | 5 | 19 | 8 | 8 | 3 | 42.1 | 8 | 6 | 0 | 1 | 3 | 0 | | 1 | 73.7 |
| 1976 | 6 | 14 | 7 | 2 | 5 | 50.0 | 6 | 4 | 2 | 0 | 1 | 0 | | 1 | 71.4 |
| 1977 | 7 | 15 | 9 | 3 | 3 | 60.0 | 11 | 2 | 0 | 0 | 1 | 0 | | 1 | 86.7 |
| 1978 | 8 | 19 | 11 | 1 | 7 | 57.9 | 10 | 7 | 0 | 0 | 1 | 0 | | 1 | 89.5 |
| 1979 | 9 | 20 | 8 | 0 | 12 | 40.0 | 14 | 2 | 0 | 0 | 2 | 1 | | 1 | 80.0 |
| 1980 | 10 | 19 | 8 | 0 | 11 | 42.1 | 9 | 1 | 0 | 0 | 0 | 0 | | 9 | 52.6 |
| 1981 | 11 | 18 | 5 | 1 | 12 | 27.8 | 9 | 1 | 1 | 2 | 2 | 0 | | 3 | 55.6 |
| 1982 | 12 | (4) | 3 | 1 | 0 | | 4 | 0 | 0 | 0 | 0 | 0 | | 0 | |
| 1983 | 13 | (1) | 1 | 0 | 0 | | 1 | 0 | 0 | 0 | 0 | 0 | | 0 | |
| 1984 | 14 | 17 | 7 | 1 | 9 | 41.2 | 10 | 0 | 2 | 1 | 1 | 0 | | 3 | 58.8 |
| 1985 | 15 | 20 | 8 | 0 | 12 | 40.0 | 10 | 2 | 1 | 1 | 1 | 0 | | 5 | 60.0 |
| 1986 | 16 | 18 | 6 | 0 | 12 | 33.3 | 6 | 0 | 3 | 0 | 3 | 0 | | 6 | 33.3 |
| 1987 | 17 | 19 | 6 | 1 | 13 | 31.6 | 8 | 3 | 0 | 2 | 0 | 0 | | 6 | 57.9 |
| 1988 | 18 | 16 | 6 | 1 | 9 | 37.5 | 8 | 2 | 1 | 2 | 1 | 1 | | 1 | 62.5 |
| 1989 | 19 | 19 | 6 | 0 | 13 | 31.6 | 6 | 3 | 2 | 4 | 1 | 0 | | 3 | 47.4 |
| 1990 | 20 | 6 | 2 | 0 | 4 | 33.3 | 2 | 0 | 0 | 2 | 0 | 0 | | 2 | 33.3 |
| 1991 | 21 | 9 | 5 | 1 | 3 | 55.6 | 2 | 1 | 1 | 2 | 1 | 1 | | 1 | 33.3 |
| 1992 | 22 | 12 | 5 | 0 | 7 | 41.7 | 6 | 1 | 2 | 0 | 0 | 1 | | 2 | 58.3 |

※特殊教育諸学校教員1名は真駒内養護学校言語治療教室担当
（社団法人北師教育文化振興会編『北師同窓生名簿』各年度版等を基に筆者作成）

　学校言語障害特殊学級担当者（難聴学級担当者含）は138名であり（北海道言語障害児教育研究協議会編，1979，104）、そのうち養成課程修了者（1971 ～ 1977年度）は64名で46.4％を占めており、課程修了者が当時の言語障害特殊学級担当者の約半数を占めていた。

　さらに養成課程（臨時）在籍者の所属をみると、第5期1979年度（1980年3月修了）までに、北海道医科大学社会医療相談室、北海道大学歯学部の医療関係職2名や北海道立札幌肢体不自由児総合療育センター、苫小牧市心身障害者福祉センター、函館市立青柳整肢学園、札幌市立ひまわり整肢園、小樽市さく

ら学園、千歳市心身障害児通園施設、札幌市肢体不自由児母子訓練センターの福祉関係職10名の在籍が確認できる。この12名はいずれも「心理士」「言語訓練士」「保母」（療育担当）と医療、福祉機関で言語障害児や肢体不自由児等の支援に携わっていた（北海道言語障害児教育研究協議会編，1983）。

　このことから、まず養成課程（臨時）が、道内の言語障害特殊学級等の担当者養成機関として、規程の目的に沿った養成機関として機能していたことが裏付けられた。次いで、さらに、1960年代の内地留学制度から1970年代の養成課程設置後に専門的な研修内容で行われる現職研修経験者数が大幅に拡充したことから、養成課程（臨時）は、1970年代の道内における言語障害特殊学級等のことばの教室や幼児ことばの教室拡充整備における担当者養成と専門性の向上に、大きな役割を果たしていたと結論づけられよう。

　また教員のみならず、言語障害児支援に携わる医療関係職や福祉職の学習の場として機能していたことも確認できる。規程第9条では「本課程の入学資格は、大学入学資格を有し、かつ、入学時において小学校、中学校、高等学校または幼稚園の教諭の普通免許状を有するもの（取得見込みのものを含む。）とする」とされ、一定の制約は存在したものの、第2条では「言語障害児教育を担当する教員」の養成が目的とされていた中で、同課程は教員以外の言語障害児支援に携わる支援者にも門戸が開かれていた。1997（平成9）年の「言語聴覚士法」（平成9年12月19日法律第132号）制定以前においては、1971（昭和46）年「国立聴力言語センター附属聴能言語専門職員養成所」（現国立障害者リハビリテーションセンター学院）等限られた機関を中心に医療、福祉専門職の養成がなされていた時代の中で、養成課程（臨時）は、言語障害支援に携わる医療、福祉専門職等を対象とする養成・研修機関としても機能していた可能性を有する。

　その上で、北海道においては北海道言語障害児教育研究協議会が道内の言語障害特殊学級等のことばの教室や幼児ことばの教室拡充整備に大きな役割を果たしたことが報告されている（田中，2017）。第1期〜第10期までの養成課程（臨時）修了者のうち、1982年度に北海道言語障害児教育研究協議会会員として、北海道言語障害児教育研究協議会編（1983）を基に全道各地の言語障害特殊学級等のことばの教室や幼児ことばの教室で言語障害支援に携わっていた

人数をあげると、少なくとも第1期5名、第2期8名、第3期8名、第4期3名、第5期12名、第6期9名、第7期10名、第8期13名、第9期16名、第10期10名が確認できる。北海道言語障害児教育研究協議会では、修了者がことばの教室等担当者として実践研究を研究大会等で報告して相互に学び合い、実践に係る情報共有等を図る等、道内の言語障害児教育、支援の実践研究に取り組んでいた。

　以上課程修了者の動向から、養成課程（臨時）は、道内における言語障害特殊学級等のことばの教室や幼児ことばの教室担当者の養成を担い、設置拡充の原動力となる社会的装置として機能していたと考えられよう。

## Ⅴ．まとめと今後の研究課題

　本研究は言語障害教育教員養成課程の特質とその社会的役割を明らかにすることを目的とし、養成課程（臨時）に関する事例分析を行った。

　その結果、養成課程（臨時）の特質に関しては、北海道教育大学札幌校で養護学校教員養成の臨時課程が一定の役割を終えたことを受け、親の会や期成会等の言語障害児支援に関わる関係団体や北海道行政の働きかけにより設置されたことが確認された。この課程では、「言語障害児教育を担当する教員」を「短期間に養成」することを目的して、主に全道から派遣された小学校、中学校の現職教員等が北海道教育委員会による1年間の長期研修者として在籍しており、カリキュラムに関しては、現職教員を主な対象としているため、言語障害および言語の課題が関係する障害種に関しての科目が編成されていた。また、実際のカリキュラム・マネジメントでは、実践的な「自主研」や、「ことばの教室」参観、検査や教材開発等の研修等も行われていたことが確認された。このような特質は、道内の言語障害児支援の臨床に携わる非常勤講師等の担った役割も大きく、期成会等の関係者が協働して課程設置及びマネジメントがなされていたと指摘できる。

　さらに、養成課程（臨時）では現職教員のみならず、言語障害児・者の支援に携わる医療、福祉専門職の養成・研修機関としても機能していた可能性を有する。片田他（1996）は「臨時教員養成課程」のような課程の設置により「障

害児教育にかかわる教員養成は飛躍的に充実してきた」と評価しているが（片田他，1996, 245）、言語障害児教育臨時教員養成課程は教員養成に留まらず、医療、福祉専門職養成等も担っていた可能性があり、今後医療史、社会福祉史の視点からの検証の必要性という視座の提示も可能になったといえる。

　その上で、養成課程（臨時）の社会的役割としては、設置各年度平均定員充足率は約8割であり、その内16年間（76.2%）で、半数（50.0%）以上の修了生が言語治療学級等のことばの教室や幼児ことばの教室の担当者となっていたこと、進路不明者や進学者や一般企業・官公庁等教育、医療、福祉職以外の進路を選択した者を除く21年間273名（85.8%）の修了生が道内の教育、医療、福祉職となったこと、特に第1期〜第10期の修了者が複数北海道言語障害児教育研究協議会会員として道内での言語障害児支援に関する実践研究に取り組んでいたことを考えると、同課程は道内における言語障害特殊学級等担当者の養成を担い、ことばの教室等の設置に係る原動力となる社会的装置として機能していたといえるだろう。この点は、小川（1994）や片田他（1996）等従来の戦後日本における特殊教育に係る教員養成の展開過程に関する先行研究では明らかにされていなかった各養成課程の特質や社会的役割について、本研究で初めて実証的に言及可能になった内容であり、今後他の養成課程の実態解明を進めることで、特殊教育教員養成に係る新たな研究体系の可能性を見出すことが可能となった。ただし上述の本研究の成果は二次的資料の使用による分析資料の制約から、更なる精査が求められることは確かであり、追調査が求められることが本研究の限界点である。

　そのため、今後の研究課題としては、金沢大学、大阪教育大学、愛媛大学等他の臨時養成課程の実態を明らかにし、各地域での言語障害特殊学級担当者の養成に養成課程が果たした役割を実証的に明らかにし、同課程が言語障害児教育の発展にどう関与してきたのかを明らかにする必要がある。また臨時養成課程における言語障害児教育担当者の養成機能が特別専攻科等に継承されていったのかどうかに関しても検討し、言語障害児教育に携わる専門職の養成における臨時養成課程の必要性を歴史的に検証することも今後の課題としてあげられる。

**謝辞・付記**

　本研究にあたっては資料収集のため、北海道言語障害児教育研究協議会、北海道教育大学附属図書館（札幌館）、北海道立図書館、北海道立文書館関係者の方々にご協力いただいた。また北海道言語障害児教育研究協議会跡部敏之、本間正吉、池田寛各氏、北海道教育大学札幌校特別支援教育専攻の各先生方には北海道教育大学札幌校特別支援教育専攻所蔵「北海道特殊教育実践史資料集」の使用に関してご高配いただいた。記して感謝申し上げます。ありがとうございました。

　なお、本研究はJSPS科研費 26870798、16K21275、18K02153、21K01957の各助成を受けて実施されたものである。

**注**

1)　文部省は1年制の課程を「言語障害児教育臨時教員養成課程」と総称しているが、北海道教育大学は「言語障害児教育教員養成課程（臨時）」の名称を用いているため、本研究でも北海道教育大学の課程を指し示す場合は同大の名称を用いることとする。

2)　通級指導教室のうち、特に言語障害児を主な対象とするものは、1993（平成5）年の通級による指導の制度化以前は、言語障害特殊学級として認可・設置され、全国的に展開されていたことが知られている（村松・牧野, 2004）。

3)　「ことばの教室」の定義は田中・瀧澤（2016）に従い、治療教室・言語治療教室等の名称で言語障害児支援を行ってきた言語障害特殊学級、通級指導教室を含む支援機関を指し示すこととし、そのうち特に幼児を対象とするものを幼児ことばの教室として、その名称を用いることとした（田中・瀧澤, 2016,3）。

4)　なお、21年間で350名の修了学生のうち、1982（昭和57）年度第12期18名、1983年度（昭和58）年度第13期19名に関しては、在籍人数は判明しているものの、『北師同窓生名簿』に誤記がみられ、在籍者の同定作業はそれぞれ4名、1名に留まった。

**引用・参考文献**

Valerie Raleigh Yow 著吉田かよこ監訳他（2005/2011）『オーラルヒストリーの実践と理論』インターブックス.

古川宇一（1987）「北海道教育大学情緒障害教育教員養成課程の概要と修了生の動向」『情緒障害教育研究紀要』6, 103-110.

言語障害児教育教員養成課程第2期生編（1972）「二期会」No.2.

言語障害児をもつ親の会北海道協議会編（1990）『言語障害児をもつ親の会北海道協議会二十五周年記念誌谷間に光を』.

北海道言語障害児教育研究協議会編（1979）『北海道における言語障害白書資料編』.

北海道言語障害児教育研究協議会編（1983）『北海道の言語障害児教育—北海道言語障害児教育研究協議会15年の歩み—』.

北海道教育大学編（1980）『開学三十年―北海道教育大学―』.

北海道教育大学編（1999）『北海道教育大学 50 年史』.

北海道教育大学札幌分校編（1971）『学生便覧　昭和 46 年度』.

北海道教育大学札幌分校編（1987）『北海道教育大学札幌分校百年記念誌』第一法規 .

北海道教職員組合編『北海道教育関係職員録』(1971 ～ 1993 年度各年度版).

井原栄二・峯本高義（1986）「本学障害児教育教員養成の歴史と課題―発足後 20 年間における推移―」『愛媛大学教育学部障害児教育研究室研究紀要』(10), 1-37.

石井正子・折原有美（2020）「通級指導教室におけるコミュニケーションに困難のある児童の支援（1）―通級による指導の役割と今後の課題―」『学苑』(956), 18-31.

伊藤由美・柘植雅義・梅田真理（2015）「『通常の学級に在籍する発達障害の可能性のある特別な教育的支援を必要とする児童生徒に関する調査』の補足調査の結果からみた通級指導教室の役割と課題」『国立特別支援教育総合研究所研究紀要』42, 27-39.

片田博史・鈴木志津夫・鈴木寧子・皆川佳代・尾崎久記（1996）「わが国における特殊教育特別専攻科の現状と卒業生・修了生から見た障害児教育教員養成」『茨城大学教育実践研究』(15), 245-258.

加藤安雄（1970）「わが国における言語障害教育」『教育と医学』18(10), 82-91.

松村勘由・牧野泰美（2004）「我が国における言語障害教育を取り巻く諸問題―変遷と展望―」『国立特殊教育総合研究所研究紀要』31, 141-152.

文部省編（1978）『特殊教育百年史』.

小川克正（1994）「障害児教育教員養成の歴史から見た当面の課題」『発達障害研究』16(3), 6-11.

鈴木慎一朗（2020）「特別教科（音楽）教員養成課程設置による地方への音楽教員養成拡大―新制大学への再編の中で―」『鳥取大学教育研究論集』(10), 39-58.

社団法人北師教育文化振興会編『北師』(1971 ～ 1992 年度各年度版).

田中謙（2016）「戦後日本における言語障害児教育教員養成課程の歴史的変遷―金沢大学教育学部の事例研究―」『日本特別ニーズ教育学会第 22 回研究大会自由研究発表配布資料』（未公刊）.

田中謙・瀧澤聡（2016）「北海道における小学校『ことばの教室』の展開過程の特質―1960 ～ 1970 年代に焦点を当てて―」『山梨県立大学人間福祉学部紀要』11, 1-16.

田中謙（2017）「言語障害児支援の歴史における北海道言語障害児教育研究協議会の展開過程とその特質―『専門職の学習共同体』概念による分析―」『日本学習社会学会第 14 回大会発表要旨集』58-59.

田中謙・瀧澤聡（2017）「戦後日本における言語障害教育教員養成および教師教育の歴史的展開過程―『ことばの教室』の発展と地域性との関連から―」『山梨県立大学人間福祉学部紀要』12, 39-57.

東京学芸大学創立二十周年記念会編（1970）『東京学芸大学二十年誌』.

SNE ジャーナル，27(1)，2021，97 - 117

実践研究

# 通常の学級における 知的障害特別支援学級在籍児童の授業参加
## ―『学び合い』・自由進度学習を取り入れる学級の事例研究―

古村 真帆

（神戸大学大学院人間発達環境学研究科・日本学術振興会特別研究員）

　本研究の目的は、インクルーシブ教育の視点から、『学び合い』・自由進度学習を取り入れる通常の学級において、知的障害特別支援学級に在籍し、同学年の学習に困難を抱える児童がどのように授業に参加をしているのか検討することである。小学3年生の通常の学級（うち、2名が知的障害特別支援学級に在籍）を対象に参与観察や担任教師へのインタビュー調査を実施した。その結果、知的障害特別支援学級に在籍する児童は、担任教師等の個別支援がごく自然に実施され、一学年下の学習課題や、児童の興味関心に応じた課題など、他児童とは異なる学習課題に取り組んだりする姿や、友達から教えてもらいながら学習したりする様子が観察された。一方で課題としては、友達から教えてもらった答えをそのまま書く等、学習理解については十分とは言い切れないことや、対人面の発達が良好ではない児童の授業参加は少ない現状が挙げられた。教師や友達との関係性が深まるにつれて、授業参加が増える可能性があるため、長期的な視点で児童の発達を支援する重要性を述べた。

**キーワード**

インクルーシブ教育　inclusive education
知的障害特別支援学級　special needs classroom for intellectual disabilities
通常の学級　general education classroom
『学び合い』　"learning each other"
自由進度学習　self-paced learning

# Ⅰ．問題の所在

## 1．インクルーシブ教育の今日的問題

　2012年に中央教育審議会初等中等教育分科会は、「共生社会に向けたインクルーシブ教育システム構築のための特別支援教育の推進（報告）」を報告し、「インクルーシブ教育システム」において、障害のある子どももない子どももできるだけ同じ場で共に学ぶことを目指すことが記された。障害のある児童らが単に「通常の学級にいる」というのではなく、通常の学級で行われる様々な活動に参加できるようにすることが必要である（伊藤、2019）。

　しかし、通常の学級では、障害のある子どもが単に通常の学級にいる状態である「ダンピング」に陥りやすい。なぜなら通常の学級では、多数派となる「通常」の子どもたちを想定した教育が行われるためである。例えば、通常の学級に支援員が配置されたとしても、特別なニーズをもつ子どもがクラスの学習活動に参加せず、その子どもに全く別のことをさせているだけなら事実上の排除となる。また、みんなと同じことを強いるのでは、同化あるいは強制された参加になりかねない（荒川、2008）。このような課題を解決するため、通常の学級における授業づくりは、早急な検討が求められている。

　教育実践においては、障害のある児童が「ダンピング」にならないよう配慮した事例が複数報告されている。例えば、LD傾向の児童が、独自のユニークな表現で物語を作成したことに周囲の子どもの見方が変わった実践（原田、2015）や、高機能自閉症の児童の感じ方を大切にし、授業に生かす重要性を報告する実践（宮本、2015）がある。このように、障害のある児童に配慮した実践は積み重ねられているが、これらは学習面に遅れのない児童が対象である。だが実際には、学習面に遅れのある児童も通常の学級の授業に参加することは多い。通常の学級という制約の中では、学習面に遅れのある児童に簡単な質問を当てるなどの配慮しかできず、発達課題にあった学習課題を十分に保障することができなかったとの報告（宮本、2008）があるように学習面に遅れがある、つまり知的障害がある児童への授業実践についても検討を行う必要がある。

　しかし、先行研究において、知的障害のある児童を対象とした通常の学級の授業に関する実証研究は見当たらない。そこで本研究では、知的障害特別支援学級に在籍する児童が通常の学級でどのように学習しているのか実践的検討を行う。その際、『学び合い』および自由進度学習に着目する。なお、『学び合い』および自由進度学習に着目する理由については次節で述べる。

## 2.　本研究の視点

　本研究の視点である『学び合い』・自由進度学習について順に述べる。

　『学び合い』は、一人の教師が児童全員にわからせる限界を指摘し、その解決策として考案された。教師は、その授業で取り組む課題を児童に伝え、子どもたちが相互に教え合って勉強をするというものである（西川、2019）。先行研究では、『学び合い』を取り入れた授業において、特別な支援を必要とする児童が他児童と同様な授業参加をする事例が複数報告されている。例えば、常に着席が求められる授業では落ち着かなくなり、離席行動をしてしまう発達障害のある児童は、『学び合い』では他の児童も立ち歩いているので、潜在化され必要以上に注意されることがなくなった。その結果、発達障害のある児童が他の児童と関わり合いながら学習する機会が増加した（水落ら、2008）。また行動面に困難さがある児童の授業参加に加えて、林・三崎（2015）は、『学び合い』では、分からない点をその場で解決し、分かることができるため、学力低位層への理解を促し、学習効果につながったと報告している。このように、『学び合い』を取り入れた授業は、学習面に遅れのある児童の授業参加を促進すると考えられる。

　次に、自由進度学習とは、授業の進度を子どもが自分で自由に決められる自己調整学習の一つの手法である（蓑手、2021）。一斉授業では、個の学習ペースに応じることは難しく平均的なペースで授業は進められるが、自由進度学習では、児童が自分の学習ペースで学習ができる（比嘉、2002）。自分の学習ペースで学習ができることによって、学習に困難がある児童においても学習に取り組みやすくなることが報告されている。例えば、森（2011）は、一斉授業形式では、授業の開始や活動の指定、終了の通告などが教師主導で、かつ時間の枠づけが強いが、自由進度学習では、学習の開始・中断・終了や活動場所の選択

の境界が曖昧化し、実学習時間の確保が可能となり、「学業不振児」等の「学ぶ意欲の時間的なムラ」に対応できると報告する。枠づけが弱まることで、学習面に遅れのある児童も、学習理解に応じた学習内容を選択でき、授業参加が可能となると考えられる。

　以上のように、『学び合い』及び自由進度学習を取り入れた授業を行うことで、知的障害のある児童を通常の学級での授業参加を促進する可能性があると考えられる。なお、自由進度学習は、「一人学び」と称され、「単独での学習」というイメージが抱かれやすい（森、2019）。そのため一見、自由進度学習と『学び合い』は相反するものに思われるが、西川（2019）は、『学び合い』を日々積み重ね、学びについて助け合える集団ができ上がったら、単元分の課題を一度に与えることも可能であると述べている。つまり、教師が一つの授業で一つの課題ではなく単元分の課題を与え、複数の授業時間を使って子ども同士で教え合いながら学習するというものである。これは、『学び合い』および自由進度学習を同時に行う授業方法である。この方法では、与えられた単元の課題が得意な児童は、自身の課題を先に進めながら、他児童に教えることで、学級全員がその単元の理解を深めていくことができる（西川、2019）。

### 3. 本研究の目的

　本研究では、『学び合い』・自由進度学習を取り入れる通常の学級において、知的障害特別支援学級に在籍し、同学年の学習面に遅れのある児童はどのような授業参加をしているのか検討することを目的とする。学習に困難さを抱える児童を含めた『学び合い』や自由進度学習における授業づくりを検討することは、インクルーシブ教育実践への示唆を与えると思われ、重要な意義があると考えられる。

## II. 方　法

### 1. 対象とするフィールドの選定とその理由

　本研究は、関西の公立小学校を対象とした。対象学校では、特別支援学級在籍児童は通常の学級で過ごすことを基本とし、特別支援学級担任教諭や介助員

が通常の学級に入り、特別支援学級在籍児童に対して個別支援を行っていた。教科や単元によっては特別支援学級で学習することもあった。対象学級は3年生1学級24名（うち、知的障害特別支援学級に在籍する男児2名：以下、A児、B児）であった。学級担任（教員歴7年目の40代男性：以下、X教諭）は、日常的に『学び合い』や自由進度学習を取り入れた授業実践を行っており、本研究の目的に適した事例になると考え選定した。なお、本来の『学び合い』は、教師は板書をしたり発問をしたりはせず、子どもが相互に学び合うことを促す質問や声かけをするというものである（西川、2019）。しかしX教諭は、授業によっては一斉指導を行ったり、『学び合い』の中でも必要に応じて、児童に教えたりすることもあるため、「『学び合い』を取り入れた授業実践を行っている」と表記した。

　次に、知的障害特別支援学級に在籍するA児・B児について述べる。2名とも医学的には未診断であった。以下はX教諭や特別支援学級担任教諭、介助員から得られた情報である。A児は、3年生からの転入児童であったが、本学級においてすぐに友達ができる等、対人面での大きなトラブルはない。休み時間には集団遊びを楽しむ姿が見られる。誰とでも仲良く関わることができるが、特に仲が良い男児と一緒にいることが多い。授業中は離席や私語が多い。学習面では全般的な学習の遅れがみられ、同学年の学習内容の理解は難しいと思われる。また忘れ物が多い。B児は、聞いたことを理解する力はあると思われるが、文字の読み書きや計算等に困難さがある。授業中は絵を描いていることが多い。クラス全員で参加するゲームや席替えのくじ引きなどは参加しないことが多い。また、他児童との関わりは少なく、休み時間は一人で過ごすことが多いが、昨年度に比べると他者への関心は高まっている。例えば他児童が鬼ごっこをしていると「入れて」と言い、遊びに加わろうとすることもある。しかし、ルールを共有して遊ぶことはできず、他児童が鬼ごっこをする周囲を走り回っていた。

## 2. 手続き

（1）**参与観察**：20XX年11月から20XX年+1年3月の期間に、月1～2回の頻度で計8回参与観察を行った（うち、A児は欠席日が1日あった）。特に、A・

B児の授業中の言動、X教諭や他児童、介助員との関わりを中心に記録をした。授業時間以外の朝の会や休み時間等の生活場面も観察の対象とした。記録の収集は筆者によるフィールドノーツの記述で行った。学級においては、児童たちが学習で分からないことがある場合には援助をしたり、休み時間に一緒に遊んだりするなどの関わりをもった。

（2）インタビュー：参与観察日の放課後、X教諭にその日の児童の様子や関わりについて、観察で得られたエピソードを元にインタビューを実施した。エピソードでみられた児童の姿への疑問や感想を筆者から伝え、X教諭の考えや筆者がいないときに起きた出来事を記録するなど、情報収集を行った。記録の収集は筆者によるフィールドノーツの記述で行った。

## 3. 分析方法

本研究では通常の学級において、学習に困難さがある児童がどのように学習に参加をしているのかを検討することを目的とするため、特別支援学級に在籍するA児・B児の言動を中心に抽出した。その際、他児童との関わり合いも重要な視点となるため、A児・B児と他児童の関わり合いにも注目した。なお、専科の教師の授業は一斉指導が中心であったため分析から除外した。実際に分析対象とした授業は、A児が国語8単位時間、算数3単位時間、理科4単位時間、社会3単位時間、学活3単位時間、体育4単位時間、図書1単位時間、B児は国語6単位時間、理科7単位時間、社会4単位時間、学活3単位時間、体育5単位時間、図書1単位時間であった。A児・B児ともに26単位時間が分析対象となった。分析対象とした授業の科目や授業時数について**表1**に示す。エピソードの解釈は、X教諭から聞いた情報、観察期間中に捉えられた児童の様子、学級の状況などと合わせて総合的な視点から行った。なお、分析は、問題設定・データ収集・データ分析・執筆という4つの作業を同時進行的に進めていき、問題と仮説を徐々に構造化し、論文自体も次第に完成させていくア

表1　分析対象とした授業

| 教科 | A児 | B児 |
|---|---|---|
| 国語 | 8 | 6 |
| 算数 | 3 | 0 |
| 理科 | 4 | 7 |
| 社会 | 3 | 4 |
| 学活 | 3 | 3 |
| 体育 | 4 | 5 |
| 図書 | 1 | 1 |
| 合計 | 26 | 26 |

数字は授業時数を表す（単位時間）

プローチである漸次構造化法（佐藤、2002）を参考にした。

## 4. 倫理的配慮

　筆者が所属する機関の倫理審査委員会の承認を受けた。なお、本稿で登場する児童、教員は全て仮名である。そのうち、特別支援教学級在籍児童・学級担任はアルファベットで表記し、それ以外の通常の学級在籍児童はカタカナで表記した。

# Ⅲ. 結果と考察

　本学級では、一斉指導が行われることはあったが、大半は『学び合い』や自由進度学習を取り入れた授業方法であった。『学び合い』が行われていた場面では、学級のどの児童も自由に座席の移動や離席をし、教え合う様子が観察された。本学級では算数の時間に『学び合い』及び自由進度学習の両方を取り入れた授業が行われていた。算数の授業で児童らは単元の最初に配布される課題表を元に学習を進め、分からない問題があると相互に教え合う姿が観察された。本章では、A児とB児の授業中の様子について順に報告する。

## 1. A児の授業中の様子
### ① 一斉指導場面の様子
　一斉指導場面では、X教諭からの発問に挙手し、適切に答える姿やノートに板書を写す姿がみられた。しかし、他児童と同じ速さで板書をしたり、X教諭の話を理解したりすることは難しく、学習内容についていけなくなる様子があった。また、離席や私語など学習とは関係がないことをすることがあった。例えば以下のエピソードが収集された。

【エピソード1：途中で授業についていけなくなる】
A児はX教諭の「この近くで交番どこにあるか知ってる？」という発問に挙手をし、呼名されると近所にある交番の場所の説明をする。学習が進むにつれて、X教諭は交番の役割を説明するなど、学習内容は複雑となり板書量が

増える。A児は板書をノートに書いているが、他児童と同じ速さで板書をすることができない。途中で板書をやめて、離席したり他児童に喋りかけたりする。(20XX年12月、社会)

【エピソード1】では最初は一斉指導を聞いて学習していたが、途中でついていけなくなった場面である。このような姿は他の一斉指導中にも多く観察され、他児童と同じペースで学習することの困難さが感じられた。

このように、一斉指導中は学習参加が難しい姿が多く見られたA児であったが、『学び合い』や自由進度学習が取り入れられた授業では異なる姿が観察できた。

② 『学び合い』を取り入れた授業の様子

『学び合い』におけるA児は、一人で学習を進めたり、個別にX教諭や他児童に教えてもらったりしながら、他児童と同じ課題に取り組んだり、他児童とは異なる個別の課題に取り組んだりする姿がみられた。また、仲の良いアキラがA児に学習するよう促す姿も観察された。例えば次の【エピソード2】である。

【エピソード2：友達と関わりながら学習する】
児童らは物語文を作成する学習活動に取り組む。A児の隣にはアキラが立ち、物語文を一緒に考えている。唐突にA児は「スシローでなにが好き？」と聞く。アキラは「スシロー？サーモン。トロサーモンとか炙りチーズサーモンとか」と答え、A児は「うまいな」と返事をする。その後二人は消しゴムを取り合ったり鉛筆で叩いたりして遊ぶ。しばらくしてアキラはA児に物語文の作成に戻るよう促す。A児は「暑いよって倒れました、ソウスケが暑いよって」と言う。アキラは「それなら "ソウスケは、こう言いました" って書いたら？」とA児の意図を汲み取り、文章にして伝える。(20XX年12月、国語)

【エピソード2】のように、アキラはA児と一緒に少し遊んだりお喋りをしたりしながらも、A児の学習が進むように声掛けをする姿は他でも見られた。

　このように『学び合い』によって、A児は友達からタイミングよく学習に促されることが可能となり、他児童と関わり合いながら課題に取り組む様子が観察された。しかし、以下の【エピソード3】のように、学習理解が不十分と捉えられるエピソードを収集した。

---

【エピソード3：話し合いでは自分の意見は言わず、感想は"楽しかった"】
それぞれの班で実験の予想を話し合う。A児は、自分の意見は言わず他児童が話し合う様子を黙って聞いている。（中略）授業のまとめをノートに書く時間になる。A児は「ぼくは、いろいろ、のせたりしてたのしかった」と書いた。（20XX+1年2月、理科）

---

　【エピソード3】のように、話し合い時に自分の考えは言わず、その授業の振り返りには「楽しかった」と書く姿があり、学習内容の理解は十分にできているのか判断ができなかった。このような姿は、後述の【エピソード6】でも見られた。

### ③　『学び合い』・自由進度学習の両方を取り入れた授業の様子

　前述したが、本学級では算数の時間に『学び合い』及び自由進度学習の両方を取り入れた授業が行われていた。A児は、他児童とは異なる個別の課題（2年生の学習など）が用意されており、次の【エピソード4】のように、X教諭や友達に教えてもらいながら学習する姿がみられた。

---

【エピソード4：教諭や友達に教えてもらいながら学習に取り組む】
A児は2年生相応の問題に取り組んでいる。A児は近くのタケシに学習とは関係がないことを話しかける。X教諭がA児に声を掛けると、A児は「わからん」と言い、X教諭は教える。その後、A児はプリントの2枚目を始め、分からない問題には「教えて」と言い、近くにいたユメカに教えてもらう。（20XX年11月、算数）

---

　【エピソード4】では、A児は他児童とは異なる課題をしていたが、ユメカは気にせず、聞かれたことに答えていた。

　加えて、以下のエピソードのように、X教諭がA児に学習をするように声掛

けしてもやろうとしないが、仲の良いアキラに誘われると学習に取り組む姿も
あった。

---

【エピソード5：友達に誘われ、学習を始める】
A児はX教諭に「プリント3枚はやり」と声かけされるが、離席して取り組
もうとしない。しばらくして、アキラがA児のプリントを持って来て、「や
るで〜」と言う。（中略）アキラがプリントを机に置くと、A児は着席しプ
リントを始める。（20XX年12月、算数）

---

【エピソード5】のように、アキラに誘われることで、学習を始める姿がみ
られた。このような姿は他の授業でも観察できた。このように、A児は、仲の
良い児童を中心に他児童に教えてもらいながら、学習に参加していた。そのた
め、一斉指導よりも学習している姿が多かった。一方、学習をしているように
見えるが、アキラに言われた答えをそのまま写している姿があった。次の【エ
ピソード6】は前述【エピソード5】の続きである。

---

【エピソード6：友達に言われた答えをそのまま写す】
算数プリント1枚目はアキラが答えを言い、A児はその答えを書く。プリン
ト2枚目は、A児は自分で解き、アキラは「ピンポーン」などと反応する。
プリント3枚目は、アキラが答えを言い、A児は聞いた答えを書いていた。3
枚目の途中でA児は「なあ、これアキラがやっていない？」と言って笑う。
（20XX年12月、算数）

---

【エピソード6】は、一見学習をしているように見えるが、実際は答えをそ
のまま写しているという姿であった。適切な学習課題や、指導を受けていると
は言い難い状況である。

このように、前述の【エピソード3】のように話し合い時に自分の考えは言
わず、その授業の振り返りには「楽しかった」と書く姿や【エピソード6】の
ように、友達が言った答えをそのまま写している姿がみられ、学習内容の理解
は十分にできているのか判断ができなかった。なお、X教諭も、答えを写して
いた場面については「2年生の問題をしていたが、理解しているのかは分から
ない」「A児はプリントをたくさんすることが良いことと思っていると思う」

というように、学習理解の不十分さについて言及している。

　以上【エピソード1】から【エピソード6】に示されたように、A児は、『学び合い』や自由進度学習によって、他児童と同じ課題や個別の課題に取り組み、学習を中断したとしても、仲の良い友達からの促しにより学習を始める姿が見られた。『学び合い』や自由進度学習は、A児に必要な学習内容の提供やタイミングよく学習を促すことが可能であり、学習に向かいやすくなることが考えられる。一方で、他児童から言われた答えをそのまま写す等、A児に適した学習内容となっているのか検討が必要な姿も見受けられた。学習内容や指導方法など検討の余地があると言える。

### 2.　B児の授業中の様子

　B児は自由進度学習が行われていた算数の時間は全て特別支援学級で学習していたため、一斉指導場面の様子・『学び合い』を取り入れた授業での様子を順に報告する。

### ①　一斉指導場面の様子

　一斉指導場面では、学習をしている姿はほとんどみられなかった。例えば以下のようなエピソードが見られた。

---

【エピソード7：授業に参加しない】
B児は着席しているが、独り言のように一人で喋っている。介助員が近くに行き静かにするよう言われ、静かになる。次に、両脚をバタバタと床に打ちつけ、再び介助員に注意される。（20XX年11月、国語）

---

　【エピソード7】は、授業に参加しておらず、注意を受けている場面である。他児童と同じように参加する姿が多かったのは体育であり、体育では一斉指導中に立ち歩いてはいるがX教諭の話を聞いていた。例えば、以下のエピソードがあった。

---

【エピソード8：一斉指導でのX教諭の話に加わる】
X教諭は児童全員を座らせ、次の活動の説明をする。B児は立ち上がり、X

教諭の近くまで移動する。X教諭が「顔面にボールを当てるのは危ないから
だめ」と話すと、B児は両手でバツを作る。説明後X教諭は「Bくんありが
とう」と言う。(20XX+1年2月、体育)

　【エピソード8】は、B児も他児童と同じように活動に参加している授業での
姿であった。X教諭は立ち歩き始めたB児に注意をせず、他児童に話を続けた。
他の授業場面でもX教諭は離席を注意することはないため、他児童はB児の言
動を否定的に捉えることなくX教諭の話を聞いていた。

## ②　『学び合い』を取り入れた授業の様子

　B児は一人でできる学習活動では、積極的に取り組む姿が観察された。しか
し、学習内容によっては、他児童とは異なる方法で取り組む姿も観察された。
例えば、次の【エピソード9】がある。

【エピソード9：異なる方法で学習に取り組む】
児童らは物語文のあらすじを書くワークシートに取り組む。B児は、文章で
はなく絵で物語文を表現している。介助員は、描かれた絵を見て、「セリフ
もひらがなで書いたら分かりやすいと思うな」と言う。しかしB児は書こう
としなかったので、介助員がB児の描いた人物の横に吹き出しを書き入れ、
B児に「この人はなんて言っているの？」と聞く。B児が答えると、その言
葉を介助員がワークシートに書き込む。(20XX年11月、国語)

　【エピソード9】は、書字の苦手さがあるB児が、絵で内容を表現した姿で
ある。介助員は文字を書くことを強要せず、B児から聞き取った内容を介助員
が書いた。また、次の【エピソード10】のように、B児の興味関心によって学
習内容が変更される場面もあった。

【エピソード10：興味・関心のあるテーマで学習参加】
児童らは昔の道具を調べる学習をしている。X教諭は「何か興味ある道具あ
る？」と聞くとB児は「携帯」と答える。X教諭が携帯電話を調べ始めるが、
B児は「昔のミッキー！」と言う。X教諭は「まあ、昔のミッキー調べでい

いよ。画像集めて」と言う。B児は集中して調べ、タブレットの音声入力を
使い説明文章を作成する。（20XX+1年3月、社会）

　以上のように、【エピソード9・10】は、B児に合う学習方法や興味関心に沿
うようにX教諭や介助員が柔軟に対応する場面である。課題を与えられた時点
では、他児童と同じように取り組むことが求められていたのだが、B児は書字
の困難さや興味関心の偏りがあり同じ学習内容を取り組もうとしていなかっ
た。なお、他児童は、B児が独自の学習参加をしていることを知っているが、
自身の学習課題に取り組み続けており、気にする様子はなかった。これは、A
児が別の学習課題をしているときと同様に、児童の学びの進度が異なる自由進
度学習が影響していると考えられる。

　また、本学級は『学び合い』によって、児童同士の関わり合いは多い学級で
あったが、B児と他児童との関わりは少なかった。次の【エピソード11】は、
唯一観察された他児童から教えてもらう場面である。

【エピソード11：友達に教えてもらう】
児童らは体育館の端と端に並び、反対側にいる児童とボールを投げ合う。ア
キラがボールを遠くまで投げている様子を見て、B児は「すごいなあ。なん
でそんな、とぶの？」と言う。男児は「助走つけて、上まで、あげる」と
教える。B児は教えてもらった通りに、後ろに下がり助走をつけて繰り返し
ボールを投げる。（20XX年11月、体育）

　【エピソード11】のように他児童と関わり合って授業に参加する姿は他の場
面では見られなかった。X教諭も他の場面で、B児と他児童が教え合う姿は見
ていないと言う。

　以上のように、B児は、自身の興味関心に合わせた他児童とは違う課題をす
ることはあったが、通常の学級において、教師が提示する学習内容に取り組ん
でいる姿は少なかった。また一人でできる個別の活動には参加することがあっ
たが、グループ活動など他児童と一緒にする学習への参加は難しかった。

　このように、授業中は学習に取り組む姿や他児童と関わる姿は少なかった
が、朝の会や休み時間では、異なる様子が観察された。具体的には、観察当初

は、他児童との関わりは少なかったB児であるが、観察期間中にX教諭や他児童との関わりは徐々に増加したため、次節で報告する。

### ③　B児の授業中以外の様子

　観察期間中に変化が見られたB児の姿を報告する。観察を始めた頃は、B児はX教諭や他児童と関わることはほとんど見られず、以下の【エピソード12】のように、朝の会で設定された活動に取り組もうとしなかった。

---

**【エピソード12：朝の会でペアトークをしない】**
朝の会ではペアトークと呼ばれる、座席が隣の児童とX教諭が設定したテーマで数分お喋りをする時間がある。B児は机上の自由帳を見ており、隣のケンも話そうとしなかった。（20XX年11月、朝の会）

---

　この【エピソード12】ではペアトークをしなかったが、観察3回目で収集した【エピソード13】では、X教諭とペアトークをする姿が観察された。

---

**【エピソード13：朝の会でX教諭とペアトークをする】**
欠席児童がいたため、X教諭がB児とペアトークする。X教諭はB児が自由帳に描いている絵を指差しながら「これってダース・ベイダーの仲間？」と聞く。B児は「わからない。俺、ターミネーターしか見てへん」と言う。X教諭がターミネーターの話を始めると、B児はX教諭の顔を見ながら楽しそうに喋り始める。（20XX年11月、朝の会）

---

　このように、B児の好きな話題を通してX教諭との会話を楽しむ様子が見られた。その日のインタビューで、X教諭 は「B児とこれほど喋ったのは初めて」と述べていた。その後、筆者が観察していない日に他児とペアトークをすることも増えたとのことである。さらに、観察最終日にみられた【エピソード14・15】は、他児童と関わり合う様子である。

---

**【エピソード14：B児のペースで朝の会に参加する】**
この日は朝の会を、教室後方に円形に並べたベンチに座り行う。X教諭が「朝の会をしましょう」と言うと、児童らは机を前方に移動させ、ベンチに

着席するが、B児は教室前方の自席に着席したままである。X教諭が「Bくんおいでよ」と声をかけると、B児は「このプリントが終わったら行きます」と答える。X教諭は「はい」とB児に返事をして、朝の会を始める。しばらくするとB児はタブレットを触りながら少しずつ朝の会をしている場所に近づき、X教諭の隣に座る。その後は、B児もスピーチをするなど、朝の会に参加した。（20XX+1年3月、朝の会）

　【エピソード14】では、B児のペースではあるが朝の会に参加する姿が観察された。次の【エピソード15】では他児童からB児に関わり、それに答えるB児の姿が観察された。

【エピソード15：休み時間に他児童と関わり合う】
B児が使っているタブレットのアプリについて、タケシ「どうやった？」、レン「どうやって絵、かくの？」など児童らは次々にアプリの使い方を尋ねる。B児は他児童のアプリを実際に操作しながら「こうやって、こう！」と言い教える。（20XX+1年3月、休み時間）

　【エピソード12】から【エピソード14】で見られたように、B児の朝の会への参加は徐々に増えた。また、【エピソード15】のように、B児が得意なタブレットを媒介にし、児童間の関わり合いが見られた。授業参加は少なかったB児であるが、朝の会や休み時間ではX教諭や他児との関わりが増えていた。

## Ⅳ．総合考察

　本研究の目的は、『学び合い』・自由進度学習を取り入れた通常の学級において、知的障害特別支援学級に在籍し、学習面に遅れのある児童はどのような授業参加をしているのか検討し、今後のインクルーシブ教育実践への示唆を得ることであった。
　本研究で分析した学級では、一斉指導に加えて、『学び合い』や自由進度学習が日常的に実施されていた。X教諭は頻繁に児童らが関わり合うように促す声かけを行っていた。そのため、本学級では、授業中に問題が分からず手が止

まっている児童がいたら、他児童が教える姿が多く見られた。

　本章では、1.『学び合い』を取り入れた授業における知的障害特別支援学級在籍児童の様子、2.『学び合い』・自由進度学習の両方を取り入れた授業における知的障害特別支援学級在籍児童の様子について、順に考察をする。

## 1. 『学び合い』を取り入れた授業における知的障害特別支援学級在籍児童の様子

　『学び合い』を取り入れた授業に関して得られた知見は、（1）A児は他児童に教えてもらいながら学習に取り組むことが可能であったが、B児は他児童に教えてもらったり学習に取り組んだりする姿は少なかったこと、（2）A児やB児へのX教諭や介助員による個別支援がごく自然に実施され、一学年下の学習課題や、興味関心に応じた課題など、他児童とは異なる課題での学習を行っていたこと、（3）A児やB児の学習理解は十分とは言えず検討の余地があることであった。

　（1）について、A児は仲の良い男児を中心に、他児童から分からない問題を教えてもらいながら学習に取り組む姿が多く見られた。この姿はA児に対してのみ見られた姿ではなく、他の児童も分からないことがあれば友達に聞いていたので、日常的な相互作用の姿として本学級では受け入れられていた。『学び合い』によって、仲が良い友達からタイミングよく学習に促されることが可能であるため、A児は学習に取り組む姿が多かったと考えられる。一方で、B児は学習に取り組む姿は少なく、他児童が教えようとする姿もほとんどみられなかった。『学び合い』が全ての児童の学習を促すとは言えないと考える。

　（2）について、A児やB児に対するX教諭や介助員による個別支援がごく自然に実施され、一学年下の学習課題や、興味関心に応じた課題など、他児童とは異なる課題での学習に取り組むことがあった。しかし、通常の学級において個別支援を行うことは容易ではない。例えば、不可欠なサポートであっても、一人だけ特別な配慮を受けているという点で、支援員が周囲の児童にとって「ずるい」こととして映る場合がある（武井、2017）。しかし、本学級ではそのような実態は観察されなかった。その理由として推察されることは、『学び合い』によって児童同士が会話することが多く、介助員が個別に教える声が目立

ちにくいことや、他児童も分からないことがあれば、すぐに友達に聞いていたので、対象児にのみ教える介助員の存在が特別な存在には映らなかったことが考えられる。また、一学年下の学習課題や、興味関心に応じた課題など、他児童とは異なる課題での学習が可能であったことに関しては、自由進度学習の影響も考えられるため、次節で考察をする。

　(3) については、学習理解に関して明らかになった課題である。A児は友達から言われた答えをそのまま写す等の姿が見られたり、B児は教師から指示された学習をする時間が少なかったりし、学習理解が不十分と思われる姿があった。西・伊藤（2018）は、児童同士の学び合いの様子を観察したところ、低学力児童の一部は、他児童の答えを写すことで学習を終え、教師の目には、その児童は活動に積極的に取り組んでいたように映っていたという。そのため、テストを実施するまで児童の学習理解の不十分さは気付かれなかったことを報告する。この研究は低学力児童であるが、知的障害があればより一層、学習理解は難しいと考えられる。『学び合い』では児童同士が教え合うことを原則とするが、知的障害のある児童が理解しやすいように教え合うことは難しいだろう。専門性を持つ教師による指導の重要性が改めて示唆されたといえる。また、児童らが教え合う際には、相手が学習理解を深められるような教え方を促す等、さらなる検討が必要である。

## 2. 『学び合い』・自由進度学習の両方を取り入れた授業における知的障害特別支援学級在籍児童の様子

　前述の通り、『学び合い』と自由進度学習の両方を取り入れた授業において、A児は一学年下の学習課題や、本来の主活動とは違う学習をするなど、他児童とは違う学習課題をすることがあった。B児は算数の授業は全て特別支援学級で学習していたため、『学び合い』と自由進度学習の両方を取り入れた算数の授業での様子を観察することはできなかった。しかし、B児も通常の学級で学習をする際には、他児童とは違う学習課題をすることがあった。このように他児童とは違う学習課題に取り組むことのあるA児やB児について、他児童は「違い」を気にする様子はなく、自身の学習課題を進め、A児やB児から質問されたときにはごく自然に答えていた。これらの姿は、自由進度学習の影響と

考えられる。つまり、本学級では、算数が得意な児童は先へ進み、苦手な児童は繰り返し同じ課題に取り組むなど、児童によって取り組み方が異なっていた。そのため「違い」があることが日常的に当たり前の光景と考えられ、A児やB児の違いも学級に溶け込んでいたと思われる。武井（2017）は、同質性を前提とした共同体のまとまりを強調すればするほど、障害のある子どもが教室空間において異質な存在であることが際立ち、逆に共同体からの排除を招くと指摘する。本学級では、「違い」が日常的にあることで同質性が弱まり、A児やB児の排除に繋がらなかったと考えられる。

　しかし、『学び合い』や自由進度学習を取り入れた本学級であっても、A児とB児は授業参加の度合いが異なることが明らかになり、単に授業方法が知的障害特別支援学級に在籍する児童の授業参加を促すわけではないことが示唆された。具体的にはA児は、仲の良い男児を中心に他児童と一緒に学習をする姿が多く見られたが、B児は他児童との関わり合いや授業参加は少なく、B児の授業中における参加の姿はダンピングと捉えられる姿が多かった。この同じ学級で過ごす2人の授業参加の違いについて、対人面の影響があると思われる。つまり、対人面の発達が良好なA児にとって『学び合い』・自由進度学習は授業参加を促す良い方法と言えるだろう。一方でB児は他者との関わりが少なく、対人面の発達は良好とは言い難いため、授業参加に繋がらなかったと考えられる。しかし、B児は朝の会や休み時間のエピソードで見られたように、少しずつ教諭や他児童との関係性を広げ、集団への参加は増えている段階である。今井（2015）は、発達障害児の学習の場への参加を保障する場合、学習に向かう準備段階として授業の場にひとまず出席している段階も保障しつつ、授業の活動や参加している友達に興味を示したときに、参加を呼びかける教師の働きかけが不可欠と述べる。B児も教諭や友達との関係性が深まるにつれて、友達や友達が行っている活動に興味を示すと考えられ、インクルーシブな参加に繋がると思われる。

　このように対人面の発達が良好ではない児童が『学び合い』・自由進度学習を取り入れた授業に積極的に参加するまでには時間がかかると考えられる。そのため、「授業の場にひとまず出席している段階」や教師が見守っている状況はダンピングのように見えるが、インクルーシブな参加を達成するための途中

段階と考え、長期的な視点を持って児童の発達を支援することが重要だと考える。

　なお本稿では、A児とB児の授業参加の度合いが異なることについて、紙幅の都合上、対人面の発達に着目して考察を行った。しかし、授業参加の度合いについては児童の認知能力の発達差等、その他の多様な要因も考えられる。今後の研究では、多様な要因にも着目した分析を行う必要があるだろう。

## V．おわりに

　本研究からは、『学び合い』・自由進度学習という学習方法により、児童の「違い」が見えにくくなり、他児童とは違う学習課題や個別支援の実施が受け入れられやすくなることが示唆された。また、対人面の発達が良好な児童にとっては、友達と一緒に学習に取り組むことができ、授業に参加しやすくなると思われた。一方で、学習理解は十分とは言えず、適切な学習内容や指導方法について検討の余地があると言える。加えて、対人面の発達が良好ではない児童の授業参加は少なく、『学び合い』や自由進度学習の限界も示唆された。しかし、授業場面以外では他児童との関わりが増えていたため、今後は授業での他児童との関わりや、それに伴い授業参加が増える可能性がある。より長期的な視点で検討する必要があろう。

　最後に、X教諭の教育方針について付言する。X教諭は活動に参加しない児童に、参加を促す声掛けはするが、強く注意をして、無理に参加させようとはしなかった。X教諭のインタビューから推察される教育方針には、「参加するかどうかは本人の意思を尊重し、本人が決定すること」「注意をすることで周りの子どもが参加していない子を"ダメな子"と捉えてしまう」等がある。高橋（2015）は、指示を守れない児童に対する教師の指導を他児童が見て、「ミニ先生」としてお世話を始めることがあり、それが過剰になったときには「○○くんは困った子」というラベリングが暗黙の裡に埋め込まれ、○○くんのふるまいすべてが「困ったこと」のように受け止められてしまうと危惧している。X教諭は授業に参加していない児童に対して、見守りながらタイミングを見て児童らが授業に参加できるような声かけや学習内容を変更したりして

いた。本学級において、知的障害特別援学級在籍児童が通常の学級集団から排除されず、自分のペースでの授業参加が可能であったことの背景にはX教諭の教育方針の影響もあったと思われる。

　今後の課題は2点ある。1点目は、知的障害特別支援学級に在籍する児童と他児童との関わり合いの方向性についてである。本研究ではA児は他児童との関わり合いが多く見られたが、授業中の多くは、他児童がA児に教えるという一方向のものであった。単に関わりが多いだけではなく、互いに教え合う等の両方向の関わり合いの実態について、さらなる検討が必要である。2点目は、本研究は3年生の1学級を対象としたものであり、他の学級においても同様の結果が得られるのか、また学年差や学校による違いがみられるのかについて検討する必要がある。

### 謝辞

　本研究にご協力いただきました小学校の先生方、児童の皆様、保護者の皆様に深く感謝申し上げます。また研究並びに本論文の執筆にあたりご指導賜りました神戸大学大学院の赤木和重先生に厚く御礼申し上げます。皆様、ありがとうございました。

### 文献

荒川智（2008）インクルーシブ教育入門—すべての子どもの学習参加を保障する学校・地域づくり．クリエイツかもがわ．

高橋知己（2015）子どもと家庭と学校が結ぶネットワーク．蘭千壽・越良子（編）ネットワーク論からみる新しい学級経営．ナカニシヤ出版．36-41.

原田大介（2015）「言語活動の充実」とインクルーシブな国語科授業．インクルーシブ授業研究会（編）インクルーシブ授業をつくる—すべての子どもが豊かに学ぶ授業の方法—．ミネルヴァ書房．72-82.

林康成・三崎隆（2015）『学び合い』授業と一斉指導教授型授業を比較した学力低位層への学習効果と継続性　日本科学教育学会研究会研究報告、29(4)、33-36.

比嘉俊（2002）学習の個別化とその評価—中学校理科教育実践を通して—　琉球大学教育学部教育実践総合センター紀要、9、127-136.

今井理恵（2015）参加と共同を軸にした授業づくりの方法論．インクルーシブ授業研究会（編）インクルーシブ授業をつくる—すべての子どもが豊かに学ぶ授業の方法—．ミネルヴァ書房．60-71.

伊藤駿（2019）インクルーシブ教育研究の論点整理—インクルーシブ教育の4つの要素に基づいて—　教育文化学年報、14、22-31.

蓑手章吾（2021）子どもが自ら学びだす！自由進度学習のはじめかた．学陽書房．

宮本郷子（2008）一人ひとりの子どもたちとていねいに向きあう―通常の学級のインクルーシブな学級・授業づくり．荒川智（著）インクルーシブ教育入門―すべての子どもの学習参加を保障する学校・地域づくり．クリエイツかもがわ．30-32．

宮本郷子（2015）インクルーシブ教育を支える学級集団づくり・授業づくり．インクルーシブ授業研究会（編）インクルーシブ授業をつくる―すべての子どもが豊かに学ぶ授業の方法―．ミネルヴァ書房．109-123．

水落芳明・小日向文人・久保田善彦・西川純（2008）発達障害児をもつ学習者のいる学級における「学び合い」の事例的研究　日本教科教育学会誌、30(4)、39-48．

文部科学省（2012）共生社会の形成に向けたインクルーシブ教育のための特別支援教育の推進（報告）．

森直人（2011）個性化教育の可能性―愛知県東浦町の教育実践の系譜から．宮寺晃夫（編）再検討教育機会の平等．岩波書店．115-146．

森直人（2019）単元内自由進度学習は子どもに何をもたらすか？―相互行為に注目して．小山儀秋（監修）　教科の一人学び「自由進度学習」の考え方・進め方．黎明書房．126-130．

西徳宏・伊藤駿（2018）低学力児童の困難は学校階層背景によっていかに異なるか―二つの小学校の事例研究から―　SNE ジャーナル、24（1）、84-102．

西川純（2019）個別最適化の教育．学陽書房．

佐藤郁哉（2002）フィールドワークの技法　問いを育てる、仮説をきたえる　新曜社．

武井哲郎（2017）「開かれた学校」の功罪―ボランティアの参入と子どもの排除／包摂．明石書店．

118　　　　　　　　　SNE ジャーナル, 27(1), 2021, 118 - 132

**報　告**

# 中学生における食・睡眠の困難と心身の不調
## ─中学生調査から─

### 坂口 めぐみ
（石川県珠洲市立飯田小学校）

### 田部 絢子
（金沢大学人間社会研究域学校教育系）

### 柴田 真緒
（埼玉県立所沢特別支援学校）

### 髙橋 智
（日本大学文理学部教育学科）

## Ⅰ．はじめに

　近年の子どもを取り巻く環境の著しい変化は、生活習慣や心身の健康状態にも影響を及ぼし、食事の乱れ、睡眠不足、視力低下など多くの問題が指摘されている。日本学校保健会（2012）の調査によれば、子どもの身体のだるさや疲れやすさについて、小学5・6年生で2割、中学生で5〜6割、高校生で7割が「しばしば（1週間に1度程度）」「ときどき（1カ月に1度程度）」感じている。

　内田・松浦（2001）は小中学生の不定愁訴と「偏食」「朝食を食べない」「運

**キーワード**
中学生　junior high school students
心身の不調　physical/ mental problems
食の困難　eating difficulties
睡眠困難　sleeping difficulties

動不足」との関連を明らかにし、中村・近藤（2010）は不登校の児童生徒には自律神経症状・胃腸症状を含む身体症状、不安・パニック・抑うつ等の精神症状等の多様な自覚症状が出現すると報告しているように、子どもが抱える疲れやすさや心身の不調は、本人の有する発達困難と生活習慣・環境が複合的に関係している。

　子どもの心身の不調は、不眠や食欲低下など生活上に表れる具体的な困難さによって、本人や保護者に自覚されやすいとの報告もあるが（日本学校保健会：2020）、睡眠や食事は「個人的なこと」「家庭・子育ての範疇」として教師や学校は日常的に把握していない傾向にある。田中・安藤（2017）は、子どもが「疲労感の主張」を行う頻度は高く、周囲に知ってほしい度合いが強い行動と述べているが、実際には支援が必要な生徒が保健室に来室しないケースも多い（文部科学省：2011）。

　明確な病名がつくような疾病でもなく健康ともいえない「半健康」状態の子どもは通常学級にも多く在籍しているが（内山・斎藤：2014）、学校や教師には病気・「半健康」といわれる子どもへの気づき、ケアと教育保障の必要性について十分に認識されてきたとは言いがたい（猪狩：2016）。子ども本人に自覚しやすい睡眠や食の実態を窓口として、子どもが抱える発達困難や不安・緊張・ストレス等を捉え、彼らが求める理解・支援ニーズを把握することは発達支援において緊要の課題である。

　それゆえに本稿では、生活リズムの乱れや心身の不調の訴えが増える時期でもある中学生を調査対象に、中学生の食や睡眠等の日常生活と心身の不調等に関する実態把握を通して、心身の不調等に対して中学生はどのような理解・支援を求めているのかを検討することを目的とする。

## Ⅱ．方　法

　調査対象はA県B市のC中学校（生徒数約600名規模）である。B市教育委員会の承認・協力を得た上でC中学校に調査協力依頼を行い、学校から生徒に趣旨説明をしてGoogleフォームによる質問紙法調査を実施した。調査期間は2020年11月〜12月。167名（中学1年生42名、中学2年生122名、中学3年生

3名）から回答を得た（有効回答167件）。回答者の性別は男性70名、女性93名、その他4名である。

　調査項目は、回答者の基本情報（年齢、学年、性別、既往症および障害）のほか、①日常生活の実態：睡眠に関すること（睡眠時間、睡眠困難、睡眠に関する悩み）4項目、食に関すること（朝食摂取、欠食、食の困難、摂食障害、食に関する悩み）6項目、排泄に関すること10項目、②心身の不調に関するチェックリスト81項目、③心身の不調に関するニーズと支援7項目（保健室の利用、心身の不調に対する困難と対応）である。調査項目の作成にあたり、睡眠困難は柴田・髙橋（2020）、食の困難は田部・髙橋（2019）によるチェックリストを参考に、摂食障害については摂食障害の早期発見を目的に作成された「子ども版EAT26日本語版」（永光：2015、摂食障害に関する学校と医療のより良い連携のための対応指針作成委員会：2017）により把握した。

　質問紙への回答は、①日常生活の実態の「睡眠に関すること」の「睡眠困難」と「食に関すること」の「食の困難」、ならびに②心身の不調に関するチェックリストでは、困難の状態や不調に関する項目に関してそれぞれ「ある・なし」で判断しチェックさせた。それ以外の質問項目については、該当する選択肢の選択、および自由記述による回答を求めた。回答者は、各項目について現在の状態を回答し、一部の項目については、生活状況や発達に応じてどのように変化しているかを明らかにするために、「新型コロナウイルス感染症休校期間中（以下、新型コロナ休校期間中）」「コロナ禍以前」と「現在」、「幼児・小学校期」と「現在」の状態について回答した。回答は「IBM SPSS Statistics 25」を用いて統計的分析を行った。

## Ⅲ．結　果

### 1．睡眠・食・排泄に関する実態

　睡眠であるが、現在の起床時刻の平均は平日6時46分、休日8時40分、就寝時刻の平均は平日23時11分、休日23時38分である。睡眠時間の平均は平日7時間34分、休日9時間13分だが、最短2時間、最長15時間も報告された（n＝155名、**表1**）。睡眠の充足感は「十分」37名（22.7％）、「およそ十分」60名

**表1　睡眠時間**

| | | 現在（n = 155名） | | 新型コロナ感染症休校期間中<br>（n = 147名） | |
| --- | --- | --- | --- | --- | --- |
| | | 平日 | 休日 | 平日 | 休日 |
| 起床時間 | 平均<br>標準偏差 | 6時46分<br>± 40分 | 8時40分<br>± 1時間50分 | 8時45分<br>± 1時間57分 | 9時12分<br>± 1時間55分 |
| | 中央値 | 6時45分 | 8時45分 | 8時0分 | 9時0分 |
| 就寝時間 | 平均<br>標準偏差 | 23時11分<br>± 1時間9分 | 23時38分<br>± 1時間20分 | 23時50分<br>± 1時間53分 | 24時2分<br>± 1時間55分 |
| | 中央値 | 23時0分 | 23時0分 | 23時0分 | 23時30分 |
| 睡眠時間 | 平均<br>標準偏差 | 7時間34分<br>± 1時間9分 | 9時間13分<br>± 1時間42分 | 8時間55分<br>± 1時間42分 | 9時間9分<br>± 1時間46分 |
| | 中央値 | 7時間30分 | 9時間 | 9時間 | 9時間 |
| | 最大値 | 10時間30分 | 15時間 | 13時間30分 | 13時間30分 |
| | 最小値 | 2時間 | 2時間 | 2時間 | 2時間 |

（36.8％）、「やや不足」49名（30.1％）、「不足」17名（10.4％）であった（n = 163名）。

　睡眠困難のチェックリスト全14項目のうち、中学生のチェック率が高い項目は「日中でもひたすら眠りたい」102名（61.0％）、「いったん眠るとなかなか起きられない」91名（54.5％）、「朝起きてから起動するまでにとても時間がかかる」88名（52.7％）、「入眠時や起床後、布団の中でもスマホを使っている」84人（51.5％）、「何かに集中していると寝ることさえ忘れる」74名（45.4％）、「起きたとき、ほとんど眠れていない気がする」68名（40.5％）、「日中でもひたすら眠りたい時がある」59名（36.2％）である（n = 163名）。

　これらの睡眠困難は幼児・小学校期よりも現在において強く感じているが、「フラッシュバックで悪夢を見ることがある」（幼児・小学校期48名（29.4％）、現在30名（18.4％））、「夜中に何度も目が覚める」（幼児・小学校期30名（18.4％）、現在14名（8.6％））については幼児・小学校期のチェック率が高い。

　睡眠困難や悩みについての自由記述では16件の回答を得たが、具体的には「もっとたくさん寝たい」「睡眠時間が短い」7件、「早く起きられない」「寝るのに時間がかかる」4件等が挙げられた。

　次に食について、欠食を「よくする」4名（2.6%）、「ときどきする」30名（19.4%）、「しない」121名（78.1%）であり（n＝155名）、欠食するのは「朝食」23名、「昼食」14名、「夕食」11名であった（n＝34名、複数回答可）。毎日、朝食を摂るのは158名95.8%である（n＝165名）。起床から朝食までの時間は「15分未満」77名（49.0%）、「15－30分」61名（38.9%）、「30－45分」12名（7.6%）、「45－60分」2名（1.3%）、「60分以上」5名（3.2%）で、8割以上の生徒が起床後30分以内に食べている。朝食欠食の理由は「食欲がわかない」8名、「時間がない」6名、「朝食の準備が面倒」5名、「朝食を食べるより寝ていたい」5名、「以前から食べる習慣がない」4名、「朝食が用意されていない」3名であった。

　食の困難のチェックリスト全16項目のうちチェック率が高い項目は、「好きになったメニューや食べ物にはかなり固執する」71名（42.5%）、「気がついたらひどくおなかがすいていることがある」67名（40.1%）、「食欲の差が激しく、食欲のないときは全然食べず、ある時はとことん食べる」65名（39.0%）、「見るだけで気持ち悪かったり怖い食べ物がある」44名（27.2%）、「魚の小骨は全部外さないと必ずのどに引っかかっているような感じがする」36名（22.2%）、「自分が予想していた味と違う味だと食べられない」33名（20.4%）、「誰かに見られながら食べることは苦痛である」33名（20.4%）と続く（n＝162名）。

　摂食障害の早期発見を目的に作成された「子ども版EAT26日本語版」により食行動を把握したところ、「非常に頻繁」「しばしば」を合わせると「太りすぎることが怖い」32.9%、「もっと痩せたいという思いで頭がいっぱいである」21.4%、「自分の身体に脂肪がつきすぎているという考えが頭から離れない」23.3%、「ほかの人よりも食事をするのに時間がかかる」18.1%と続く（n＝167名）。

　食の困難や悩みに関する自由記述は15件の回答を得て、「痩せたい」「太りたくないのに食べてしまう」「食べすぎてしまう」「食べても食べてもお腹がすくことがあり、食べすぎて脂肪がつくことが怖い」が11件、「アレルギーでも食べられるものを増やしてほしい」「嫌いな食べ物が多い」が4件であった。

　排泄に関する実態では、　排便頻度は「毎日する」71名（45.2%）、「週5－6回くらいする」28名（17.8%）、「週3－4回くらいする」43名（27.4%）、「週1

－2回くらいする」8名（5.1%）、「月2回くらいする」3名（1.9%）、「月1回以下の頻度だがたまにする」3名（1.9%）、「しない」1名（0.6%）であった（n＝157名）。学校で排便したくなった時に我慢することは「よくある」37名（23.1%）、「ときどきある」52名（32.5%）、「ほとんどない」39名（24.4%）、「まったくない」32名（20.0%）である（n＝160名）。

便秘・下痢について「親に相談したことがある」83名（52.9%）、「病院に相談したことがある」11名（7.0%）、「養護教諭の先生に相談したことがある」0名（0.0%）、「その他の人に相談したことがある」8名（5.1%）、「だれにも相談したことがない」55名（35.0%）であった（n＝157名）。

自分なりの便秘・下痢対策に関する自由記述では、「水をたくさん飲む」「ヨーグルトを食べる」など「飲食物に関する工夫」28件、「体やお腹を冷やさない・温める」10件、「薬（整腸剤を含む）の服用」11件、「たくさん運動して腸を動かす」1件の回答を得た（n＝50名）。

### 2.　心身の不調に関する実態

回答者の既往症は、「花粉症」80名（75.5%）、「アトピー性皮膚炎」27名（25.5%）、「食物等のアレルギー」20名（18.9%）、「気管支ぜんそく」15名（14.2%）、「発達障害」2名（1.9%）、「精神疾患（パニック障害・不安症など）」2名（1.9%）、「過敏性腸症候群」2名（1.9%）、「肥満症」2名（1.9%）、「摂食障害」1名（0.9%）、「逆流性食道炎」1名（0.9%）、「反復性腹痛」1名（0.9%）、「心身症」1名（0.9%）であった（n＝106名、複数回答あり）。

日常生活に影響のある心身の不調が「ある」30名（20.3%）、「ない」118名（79.7%）であり（n＝148名）、「ある」生徒のうち、症状を知っている人が自分以外に「いる」のは13名（31.7%）であり（n＝41名）、その内訳は「親」33名、「友人」21名、「きょうだい」18名、「医師」10名、「担任」9名、「担任以外の先生」7名、「養護教諭」6名、「彼氏・彼女」3名であった（n＝30名、複数回答あり）。体調が悪くなりやすいのは、「季節の変化、寒暖差」28名、「睡眠や食事に関する生活習慣の乱れ」11名、「体や心のだるさ、痛みがあるとき」19名、「不安・緊張・ストレスがあるとき」9名、「天気、気候」9名、「疲労感を感じるとき」6名等であった（n＝104名、複数回答あり）。

　心身の不調のチェックリストにおいてチェック率が高い項目は「就寝時間が遅い」106名（63.5％）、「気にしすぎる傾向がある」95名（56.9％）、「朝なかなか起きられない」94名（56.3％）、「ストレスが溜まっている」85名（50.9％）、「不安・緊張・ストレスが強い」85名（50.9％）、「集中力に欠ける・気が散りやすい」84名（50.3％）、「冷え性、寒がり」82名（49.1％）、「睡眠不足」79名（50.3％）、「身体の疲れやすさ」76名（45.5％）と続く（n＝167名、図1）。

　心身の不調のチェックリスト全81項目の相関分析を行った結果、複数の項目において相関が見られた（表2）。特に「ストレスが溜まっている」「体がだ

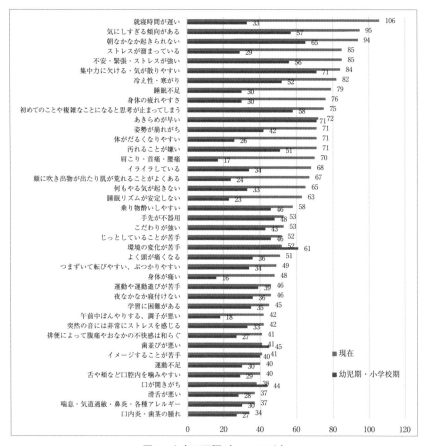

図1　心身の不調（n＝167人）

るくなりやすい」「不定愁訴」とそのほかの心身の不調に関する項目について強い相関が見られる。子どもが抱える心身の不調と食や睡眠などの生活習慣・環境との関連を検討するため、食や睡眠等の日常生活の状態を示す項目と心身の不調チェックリスト項目について$\chi^2$検定を行った。なお検定に際しては、食や睡眠の状態についての回答を困難の「あり・なし」による2群に分割して集計し、2×2のクロス集計による分析を行った。その結果、睡眠の充足度と「舌や頬など口腔内を噛みやすい」（$\chi^2(1) = 46.88$, p<.001）、「イメージすることが苦手」（$\chi^2(1) = 45.30$, p<.001）、「身体が痛い」（$\chi^2(1) = 35.12$, p<.001）、「汚れることが嫌い」（$\chi^2(1) = 11.45$, p<.01）、「睡眠不足」（$\chi^2(1) = 6.34$, p<.05）に関連がみられ（**図2**）、食事を残すかと「パニック・かんしゃく」（$\chi^2(1) = 90.88$, p<.001）、「吐き気・嘔吐が多い」（$\chi^2(1) = 90.88$, p<.001）、「運動不足」（$\chi^2(1) = 38.74$, p<.001）等に関連があった（**図3**）。睡眠の充足度と「睡眠不足」以外の項目では全て1%水準で関連が見られ、睡眠の充足度と「睡眠不足」においても5%水準で関連が見られた。

　「おなかが痛くなったり下痢になるのを気にして食べないようにすることがある」と心身の不調は、$\chi^2$検定をおこなった中で最も多くの心身の不調症状において関連が認められた。過敏性腸症候群（以下IBSと示す）の診断基準である「おなかが痛くなったり不快なとき、便の形（外観）が硬くなったり水のよ

**表2　心身の不調に関するチェックリストの相関分析結果（一部抜粋）**

| 設問1 | 設問2 | $\phi$係数 | p値 |
|---|---|---|---|
| 8．ストレスが溜まっている | 20．体がだるくなりやすい | 0.534 | p<0.01 |
| 24．身体が痛い | 20．体がだるくなりやすい | 0.554 | p<0.01 |
| 21．不定愁訴（なんとなく体調が悪い） | 27．午前中ぼんやりする、調子が悪い | 0.541 | p<0.01 |
| 20．体がだるくなりやすい | 21．不定愁訴（なんとなく体調が悪い） | 0.526 | p<0.01 |

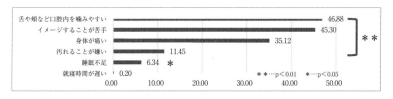

**図2　「睡眠の充足度」の$\chi^2$値比較**

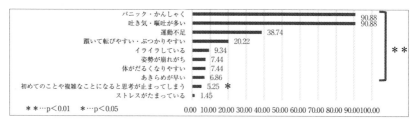

図3　「食事を残す」の $\chi^2$ 値比較（上位10項目）

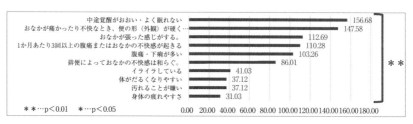

図4　「おなかが痛くなったり下痢になるのを気にして食べないようにすることがある」
　　　の $\chi^2$ 値比較（上位10項目）

うになる」（$\chi^2(1)$ = 147.58, p<.001）、「排便によって腹痛やおなかの不快感は和らぐ」（$\chi^2(1)$ = 86.02, p<.001）において関連が認められ、「おなかが痛くなったり下痢になるのを気にして食べないようにすることがある」という生徒はIBSのリスクが高まりやすい。さらに「体がだるくなりやすい」（$\chi^2(1)$ = 37.12, p<.001）、「イライラしている」（$\chi^2(1)$ = 41.03, p<.001）とも関連があった（図4）。

## 3．心身の不調に関する支援ニーズ

　学校で体調が悪くなった時には「保健室で休養する」73名、「我慢する」72名、「授業や担任や授業の先生に言う」57名（n = 159名、複数回答あり）、その時に相談する相手は「家族」78名、「友人」44名、「担任」12名である（n = 153名）。体調が悪くなった時に保健室に「よく行く」19名（12.0％）、「ときどき行く」55名（34.8％）、「ほとんど行かない」55名（34.8％）、「行かない」29名（18.4％）であった（n = 158名）。保健室に行く目的は「けがの手当て」70名、「体調不良（頭痛・腹痛など）の手当て」67名、「休養したい」25名、「困ったことがあるので先生に相談したい」4名、「病気や体のことについて詳しく教えてほ

しい」2名である（n = 101名、複数回答あり）。保健室に行かない理由は「我
慢できる」48名、「教室で休息する」28名、「学習は遅れたくない」28名、「自
己対処できる」26名、「日常生活に支障はない」22名、「保健室に入りづらい」
20名、「うわさになりたくない」6名、「カウンセリングを受けている」2名、「病
院で受診している」2名であった（n = 85名、複数回答あり）。

　体調が悪い時の周囲の人への要望は「かまわないでほしい、そっとしてほし
い」35名、「静かにしてほしい」7名、「そばにいてほしい、気にかけてほしい」
6名、「先生に知らせてほしい、保健室に連れていってほしい」5名、「寝かせ
てほしい」5名、「人の少ない所や外に連れていってほしい」4名、「家に帰り
たい」2名のほか、「うわさしないでほしい」「さすってほしい」という回答が
あった（n = 64名、複数回答あり）。学校への要望は「帰りたい」「（熱がなく
ても）早退させてほしい」8名、「保健室で休養したい」8名、「そっとしてお
いてほしい」6名、「先生に気づいてほしい、我慢させないでほしい、無理や
り教室に連れて行かないでほしい」4名、「静かなところに行きたい」3名であっ
た（n = 32名、複数回答あり）。

## Ⅳ．考　察

　子どもの心の不調は年齢に伴って「抑うつ」「自尊感情低下」の割合が増加
する傾向にあり、なかでも中学生以上の気分の落ち込みによる意欲低下の割合
が高く、また不眠や食欲低下の症状が自覚されやすい（日本学校保健会：
2019）。本調査でも相関分析の結果、ストレスや不定愁訴と睡眠困難、食の困
難が関連していることが明らかになった。

　睡眠の充足度については、文部科学省調査（2015）と同様に「十分でない」
と感じる中学生の割合が高かった。全国の小学生から高校生を対象とした生活
習慣に関する調査では、学校段階が上がるにつれて睡眠不足を感じる子どもの
割合が増えていることや朝食摂取率が下がること、情報機器の使用と睡眠の質
の関係が明らかになっている（文部科学省：2015）。睡眠困難ではチェック率
の高い順に「日中でもひたすら眠りたいと思うときがある」「いったん布団に
入るとなかなか起きられない」「朝起きてから起動するまでにとても時間がか

かる」であった。発達障害当事者の睡眠困難の調査研究を行っている柴田・高橋（2020）と同様の結果となり、本調査対象の中学生も睡眠不足や睡眠リズムの乱れに困難を抱えている様子が明らかになった。柴田・髙橋（2020）は睡眠困難には日中の生活における不安・緊張・ストレス等が強く影響していることを明らかにしており、中学生の睡眠においても一考の必要がある。

　中山・藤岡（2011）は熟睡感が強いと不安・緊張・疲労・身体不調の割合が低くなることや、起床・就寝時間の遅れが朝食摂取率に影響を与えると報告し、朝食摂取は児童生徒の生活リズムや生活習慣を反映する指標になると述べている。深沢・鈴木（2013）も生徒の睡眠時間と朝食摂取率には関連があり、朝食を摂取しない者ほど「イライラする」「ぼんやりする」割合が高いことを指摘している。

　中学生は起床困難や午前中の心身の不調、昼夜逆転を伴う起立性調節障害が好発する時期であり、軽症例を含めると中学生の約10%が起立性調節障害と診断されている（日本小児心身医学会：2021）。今回調査に回答した中学生の中にも、診断は受けていないが起立性調節障害様の症状を抱える生徒が一定数いることが推測される。起立性調節障害では、ストレスの強い時には症状も悪化し楽しいことがある時には軽快するといった心因反応があるため、周囲からなまけ・わがままと捉えられることもあり、周囲の無理解によるストレスが症状を悪化させることもある（松島・田中：2012、田中：2010）。

　筆者らは本調査と同時期に高校生・大学生を対象に同内容の調査を行っている。生活状況と心身の不調に関する$\chi^2$値のクロス比較の結果、中学生では残食・欠食状況、高校生では睡眠や朝食の有無、大学生では睡眠・食生活が心身の不調と関連していた。

　残食状況と心身の不調に関する$\chi^2$値のクロス比較では、中学生と大学生は「体のだるさ・疲れやすさ」、高校生では「睡眠」に関することの$\chi^2$値が大きく、欠食と心身の不調に関する$\chi^2$値のクロス比較では、中学生と大学生に「睡眠リズムの乱れ」との関連がみられた。さらに中学生では「不定愁訴」、大学生では「便秘」に関する項目の$\chi^2$値が大きい。「おなかが痛くなったり下痢になるのを気にして食べないようにすることがある」と心身の不調に関する$\chi^2$値のクロス比較では、中学生・高校生・大学生ともに過敏性腸症候群（IBS）

や慢性便秘症の診断項目と関連がみられた。

　腸は、「第二の脳」とも呼ばれ、消化管の内臓感覚はストレス応答と深く結びついており、内的感覚の異常は脳の異常や負荷を直接的に示す重要なサインであると指摘されている（福士：2013）。不安・緊張により腹痛や摂食障害を引き起こしたり、過敏性腸症候群に発展して下痢・便秘を繰り返す一方、腸で生じたさまざまな生理的変化がストレス反応や行動に影響を及ぼすことも報告されている（Sampson & Mazmanian：2015）。筒井（1983）は、不安は身体化されやすく、不安が持続する場合は広範囲な自律神経症状が出現すると述べている。

　本調査において、どのような時に体調が悪くなりやすいかを問うと、「寒暖差・季節の変化」「不安・緊張・ストレスを感じたとき」が多く回答された。心身ともに成長発達が著しい中学生期は心と体のバランスを崩しやすく、学校や家庭の不安・悩みがストレスや疲労感をもたらし、食の困難・睡眠困難や生活リズム・生活習慣の乱れも相俟って、健康状態に影響しているとも考えられる。芝木・斉藤（2004）も中学生の日常の疲労自覚症状と生活意識・行動とは相互に関連し、特に基本的生活習慣の影響が大きいと報告しており、食の困難・睡眠困難や生活リズム・生活習慣の乱れ等の日常生活の状態は心身の不調を把握する重要な手がかりとなる。

　体調が悪くなった時に保健室に「よく行く」「ときどき行く」46.8%、「行かない」53.2%で、日本学校保健会調査（2018a）と同様に保健室に行かない中学生が上回る。丸山・斎藤（2018）によると、噂になることや保健室の環境、「行っても治らない」「自分の心の問題だと思い我慢する」という認識から辛くても来室しない生徒が多く存在している。日本では中高生の18.6%が過敏性腸症候群に悩んでいるが（江田：2020）、腹痛を主訴として保健室に行く生徒は中学生では全体の8.8%、高校生では10.9%であり（日本学校保健会：2018b）、心身症の生徒の61.0%は保健室に来室していない（丸山・斎藤：2018）。

　本調査では、持病や日常生活に支障を来す症状・気になる症状が「ある」生徒は20%いたが、それを知っている人は家族や医師であり、「担任」「担任以外の先生」「養護教諭」は日常的な相談相手になり得ていない様子が窺える。小倉（1982）は問題を抱えながら来室しない生徒の発見の手立てとして、校内

での連携を密にし、一人ひとりを多面的に理解する場を持ち、情報交換するよう提案している。

多様な児童生徒がいることを前提に、児童生徒との人間的な触れ合いやきめ細かい観察（児童生徒の変化を見逃さない）をし、生徒や保護者との面接・対話を通して関係を深め、関係者との情報の共有などを通して、一人ひとりの生徒を客観的かつ総合的に理解し、問題の背景を的確にとらえて支援できるように努めることが大切である（文部科学省：2011）。その際、「本人のことは本人に聞くのが一番の理解と支援」「子どもの声を丁寧に傾聴し、読み解きながら支援のあり方を検討する」という視点を重視し、生徒が日頃から安心して相談しやすい環境や関係が不可欠であり、当事者のニーズと周囲の理解・支援のミスマッチやパターナリズムのない発達支援のあり方を検討することが望まれる。

## V．おわりに

本稿では、生活リズムの乱れや心身の不調の訴えが増える時期でもある中学生を調査対象に、中学生の食・睡眠等の日常生活と心身の不調等に関する実態把握を通して、心身の不調等に対して中学生はどのような理解・支援を求めているのかを検討してきた。

食の困難・睡眠困難と心身の不調に強い関連がみられたが、「そっとしておいてほしい」「保健室に入りづらい」「うわさになりたくない」等の気持ちから保健室を利用しない生徒が多くいる実態が明らかになった。日常生活に支障をきたす症状についても「担任」「養護教諭」への相談が十分に行えていない様子も推察された。こうした実態を踏まえて、中学校では中学生が抱える心身の不調や支援ニーズを十分に傾聴・把握して、校内の支援体制のあり方を検討することが求められている。

### 附記

本研究は、2019 年度科学研究費補助金基盤研究 C（研究代表：田部絢子、基盤（C）19K02941）、公益財団法人ロッテ財団「2020 年度（第 7 回）奨励研究助成」による研

究成果の一部である。

## 文献

田中美千子・安藤智子（2017）保健室と養護教諭が果たすアタッチメント機能：生徒の保健室来室行動と養護教諭の対応の探索的検討、『学校保健研究』59(5)、pp.354-366

江田証（2020）『なんだかよくわからない「おなかの不調」はこの食事で治せる』PHP研究所

深沢早苗・鈴木道子（2013）高校生の朝食摂取状況と生活習慣および食意識・食行動との関連について、『山梨学院短期大学研究紀要』33、pp.12-22

福士審（2013）脳腸相関とストレス、『ストレス科学研究』28、pp.16-19

猪狩恵美子（2016）『通常学級在籍の病気の子どもと特別な教育的配慮の研究』風間書房

丸山郁美・斎藤ふくみ（2018）心身症をもつ高校生の保健室利用の実態、『茨城大学教育学部紀要（教育科学）』67、pp.471-479

松島礼子・田中英高（2012）起立性調節障害、『小児科臨床』65(4)、pp.909-915

文部科学省（2011）教職員のための子どもの健康相談及び保健指導の手引き

文部科学省（2015）「平成26年度『家庭教育の総合的推進に関する調査研究』―睡眠を中心とした生活習慣と子供の自立等との関係性に関する調査」

永光信一郎（2015）「小児摂食障害におけるアウトカム尺度の開発に関する研究：学校保健における思春期やせの早期発見システムの構築、および発症要因と予後因子の抽出にむけて」厚生労働科学研究費補助金健やか次世代育成総合研究事業平成26年度総括・分担研究報告書、pp.10-19

中村美詠子・近藤今子・久保田晃生・古川五百子・鈴木輝康・中村晴信・早川徳香・尾島俊之・青木伸雄（2010）不登校傾向と自覚症状、生活習慣関連要因との関連-静岡県子どもの生活実態調査データを用いた検討、『日本公衆衛生雑誌』57（10）、pp.881-890

中山文子・藤岡由美子（2011）大学生の食事を主とした生活習慣と精神的健康に関する研究：高校生との比較を通して、『松本大学研究紀要』9、pp.139-153

日本学校保健会（2012）「平成22年度児童生徒の健康状態サーベイランス事業報告書」

日本学校保健会（2018a）「平成28～29年度児童生徒の健康状態サーベイランス事業報告書」

日本学校保健会（2018b）「保健室利用状況に関する調査報告書　平成28年度調査結果」

日本学校保健会（2020）「平成30年度・令和元年度児童生徒の健康状態サーベイランス事業報告書」

日本小児心身医学会（2021）（1）起立性調節障害　http://www.jisinsin.jp/detail/01-

tanaka.htm

小倉学（1982）学校保健：児童生徒の健康問題をめぐって（公衆衛生学の最近の進歩
　　19）、『公衆衛生』46(9)、pp.620-630

摂食障害に関する学校と医療のより良い連携のための対応指針作成委員会（2017）「摂
　　食障害に関する学校と医療のより良い連携のための対応指針中学校版」

芝木美沙子・斉藤有希・高田尚美・瀧田愛・笹嶋由美（2004）中学生の疲労自覚症状
　　と生活行動に関する研究、『北海道教育大学紀要 教育科学編』54(2)、pp.129-144

柴田真緒・髙橋智（2020）『発達障害当事者の睡眠困難と発達支援の研究』風間書房

田部絢子・髙橋智（2019）『発達障害等の子どもの食の困難と発達支援』風間書房

Sampson,T.R., & Mazmanian,S.K.（2015）Control of brain development, function, and
　　behavior by the microbiome, Cell Host Microbe, 17(5), pp.565-576

田中英高（2010）起立性調節障害（OD）の子どもと学校教育、『教育と医学』58(12)、
　　pp.1172-1181

筒井末春（1981）ストレスと精神生理、『からだの科学』101、pp.39-43

内田勇人・松浦伸郎（2001）小学生時と中学生時における不定愁訴の背景、『行動医学
　　研究』7(1)、pp.47-54

内山佳苗・斎藤ふくみ（2014）半健康状態と環境・性格の関係―中・高校生を対象と
　　して―、『茨城大学教育学部紀要（教育総合）』増刊号、pp.345-359

SNEジャーナル, 27(1), 2021, 133 - 146

報　告

# 米国の大学における知的障害者の 受入れに関する研究
## —TPSIDプログラムの分析を中心に—

水野 和代

（　日本福祉大学 スポーツ科学部　）
（NPO法人 見晴台学園大学 客員共同研究員）

## Ⅰ．はじめに

　近年、文部科学省を中心として、障害者の生涯を通じた学習活動の充実に向けた動きが活発化している。2016年12月、文部科学省内に「特別支援総合プロジェクト特命チーム」が設置されたことに続いて、2017年4月、松野文部科学大臣（当時）により「特別支援教育の生涯学習化に向けて」と題するメッセージが発表され、障害者の学校卒業後の学びの重要性が示されるとともに、生涯学習政策局に「障害者学習支援推進室」が新設されている。また、2019年3月に文部科学省により公表された「障害者の生涯学習の推進方策について—誰もが、障害の有無にかかわらず共に学び、生きる共生社会を目指して—（報告）」では、障害者の生涯学習推進の方向性に加え、大学における知的障害者の受入れについても言及されている。

　しかしながら、とりわけ日本における知的障害のある生徒について目を向け

キーワード

米国　United States of America

知的障害者　People with Intellectual Disabilities

大学　University

高等教育機会法　Higher Education Opportunity Act（HEOA）

ると、2018年度の特別支援学校高等部卒業後の大学・短大・高等部専攻科・専門学校への進学率は約0.5%（文部科学省 2019）であり、高等教育機関における知的障害者の受入れという考えからは遠く乖離している。

　他方、米国では、知的障害者を受入れる高等教育機関がほとんどない状況から、2008年「高等教育機会法（Higher Education Opportunity Act: HEOA, P.L.110-315)」（以下、HEOA）の施行を契機として、マサチューセッツ州立大学に設置された全米組織であるThink Collegeによる「知的障害者のための移行と中等教育後プログラム（Transition and Postsecondary Programs for Students with Intellectual Disabilities: TPSID)」（以下、TPSID）が創設されるなど、知的障害者が大学にアクセスしやすくなり、大学における知的障害者の受入れが進んでいる（水野 2018）。Think Collegeは、知的障害者のためのインクルーシブな高等教育の選択肢を発展・拡大・改善することを目的とした全米組織であり、大学における知的障害者の受入れを先導し、全米の情報集積・分析を行っている。2018年〜2019年には、Think Collegeのプログラムを活用して、全米の二年制大学・四年制大学の59プログラムで981名の知的障害者が学んでいる（Grigal, et al. 2019)。

　米国における大学の知的障害者の受入れに関する先行研究を分析してみると、Think Collegeによる知的障害者を受入れている大学のプログラムの報告書（Grigal, et al. 2016 ; Grigal, et al. 2017a ; Grigal, et al. 2017b; Grigal, et al. 2018; Grigal, et al. 2019）をはじめとして、知的障害者の中等教育後の教育に関する研究（Grigal and Hart 2010）などがあり、近年は大学における知的障害者への効果的な指導法に関する研究（Taylor, et al. 2021）など、より実践に則した研究が進められている。

　また、日本における米国の大学の知的障害者の受入れに関する先行研究は、水野（2018; 2019; 2020）による米国における知的障害者の高等教育機関進学の背景・現状・課題、大学における支援体制について論じたものなどはあるが、米国の大学における知的障害者の受入れについて、その推進の方策が法的に整備されてから現在に至る全体像を把握できる研究はなされていない。現在、2008年に施行されたHEOAおよびThink CollegeによるTPSIDの創設から約10年が経過し、その成果と課題について一定の評価ができる時期に来たのではな

いだろうか。

　そこで、本研究では、HEOAが知的障害者に与えた影響と大学における知的障害者の現状、大学における知的障害者受入れの成果と課題について明らかにすることを目的とする。

　そのために、まずHEOAが知的障害者に与えた影響と大学における知的障害者の現状について、TPSIDのデータを基に分析・考察することにより整理する。そして、大学における知的障害者受入れの成果と課題について、TPSIDのデータおよび教職員、知的障害者、他の学生の言葉を紐解きながら明らかにする。研究の方法は、米国の大学における知的障害者の受入れに関する一連の法律・制度・政策およびTPSIDを主とした報告書などの資料・文献から分析する。

## Ⅱ．HEOAが知的障害者に与えた影響と
## 大学における知的障害者の現状

　米国では、1990年「個別障害者教育法（Individuals with Disabilities Education Act: IDEA, P.L.101-476)」により、知的障害など特別教育の対象となっている生徒は、中等教育修了後も21歳まで教育年限を延長することが可能となり、就職するにしても高等教育機関に進学するにしても、移行支援教育が重視されるようになった。そのため、米国の知的障害者には、特別学校を卒業後、①高等部における教育年限を延長し、移行支援教育を受ける、②高等教育機関への進学、③高等部の移行支援教育を受けながら、高等教育機関での講義も受ける、という選択が可能となっている。③については高校と大学の二重登録制度であり、切れ目のない移行支援を実現している。

　そして、2008年HEOAによって、知的障害者の高等教育機関進学を改善する重要な手立てが提供されることになった。HEOAのいくつかの規定は、知的障害のある青年や大人のための高等教育機関へのアクセスを増大させることを目的としている。これらの規定の成果は、知的障害者のためのインクルーシブな高等教育の選択肢を発展させることを目的としたモデルプログラムの創出のために、連邦政府による予算割り当てがなされたことであった（Grigal, et al.

2017a）。

　HEOAによって提供されることとなった知的障害者の高等教育機関進学に対する画期的な手立ての代表的な項目とデータの詳細は以下の通りである。

## 1. 知的障害者に対する経済的支援の提供

　これまで、知的障害者は通常の高校卒業資格や試験に合格することができないために、奨学金などの経済的支援を得る資格に該当しなかった。しかし、HEOAにより、知的障害者は連邦政府から高等教育機関進学に対する経済的支援を受けることが可能になった。この支援を得るためには申請が必要であるが、その際、通常の高校の卒業資格が必要ではない点が特徴である。つまり、特別学校に在籍している生徒にも門戸が開かれたのである。例えば、奨学金には連邦ペル給付奨学金があり、学生の経済状況に応じて、年間最大約6,345ドル（2020年度）が支給されている（Think College 2021）。

　そして、高等教育機関では、認定された「包括的移行プログラム（Comprehensive Transition Program）」（以下、CTP）を受講することが必要となっている。CTPでは、知的障害者が高等教育機関で学び、将来の実りある就労に繋げるために、①学問研究の継続、②キャリア構築、③自立生活訓練が計画されている。

　CTPは、高等教育機関によって、学位や証明書が授与されるものとされないものがあり、現状は独自の証明書を発行している大学が多い。また、授業形態の種類は以下の通りである（Grigal, et al. 2017a）。

　　ⅰ．障害のない学生とともに、単位の出る講義を履修

　　ⅱ．障害のない学生とともに、単位は出ない講義を聴講、参加

　　ⅲ．障害のない学生とともに、単位は出ない非学位のコースを履修

　　ⅳ．障害のない学生とともに、インターンシップか労働ベースの訓練を受ける

　このように、知的障害者が、障害のない学生とともに学ぶインクルーシブ教育が強調されている。各高等教育機関において、提供されるプログラム内容などは異なるが、これらのCTPのうち少なくとも50％の参加が求められる。このCTPへの参加により、知的障害者は連邦政府から経済的支援を受けられるのである。

2015年〜2016年では、CTPの認証を受けているプログラムはわずか12プログラムだったが、2018年〜2019年では35プログラムに増加している（Grigal, et al. 2019）。このことから、大学で提供されているプログラムがよりインクルーシブなものになったと評価できる。また、このことは奨学金に申請できる知的障害者の増加を意味している。

例えば、連邦ペル給付奨学金の給付を受けている知的障害者は、2015年〜2016年ではわずか12名だったが、2016年〜2017年では70名、2017年〜2018年では150名、2018年〜2019年では157名となっている（Grigal, et al. 2019）。つまり、インクルーシブなCTPのプログラムが増加することで、より多くの知的障害者が奨学金を得て大学で学ぶことが可能となったのである。

連邦政府からの経済的支援は、知的障害に加え、経済的な理由で大学進学を諦めざるを得なかった知的障害者の一助になっており、非常に意義深いといえる。

## 2.　モデル実証プログラム（Model Demonstration Program）の創設

HEOAでは、高等教育機関に資金援助を実施し、実証研究を行うために、モデル実証プログラムの創設が規定されている。同規定を受け、Think College がTPSIDを開始している。

アメリカ教育省は、TPSIDを二つの群に分けて、知的障害者のためのプログラムを実施している（Grigal, et al. 2019）。

第一群は、2010年から2015年にかけて、全米23州の二年制大学4校と四年制大学23校における27のプログラムの資金援助を行っている。

第二群は、2015年から2020年にかけて、全米19州の二年制大学3校と四年制大学22校における25のプログラムの資金援助を行っている。

第一群により、大学における知的障害者のプログラムの設立、拡大を行い、第二群により、全米のネットワークを構築することにより、知的障害者のための高等教育の有効性を拡大しているといえる。

図1は、「TPSIDを実施している大学のプログラム数と大学で学ぶ知的障害者数の推移」であるが、2015年〜2016年のデータでは、TPSIDを実施している大学の44プログラムに480名の知的障害者が参加していたが、2016年〜

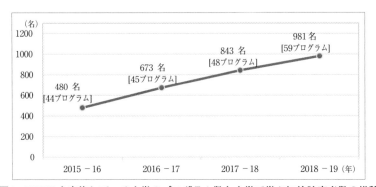

**図1　TPSIDを実施している大学のプログラム数と大学で学ぶ知的障害者数の推移**

出典：Grigal, et al. (2019:18) より筆者作成

　2017年のデータでは45プログラムに673名、2017年〜2018年のデータでは48プログラムに843名、2018年〜2019年のデータでは59プログラムに981名が参加しており、着実に大学で学ぶ知的障害者が増加していることがわかる。

　入学資格に関しては、例えば、南アラバマ大学のプログラムでは一対一の支援がなくても自立して活動できること、学び続けることや仕事と自立生活能力を伸ばす意欲があることなどが挙げられている（University of South Alabama 2021）。現状は軽度の知的障害者が多いが、大学によって受入れ方針は様々である。

　また、TPSIDのプログラムは、学問に関して2種類ある（Grigal, et al. 2019）。

　一つ目は、「学問的にインクルーシブな科目」であり、他の障害のない学生と同じように講義を受け、評価を受ける科目である。二つ目は、「学問的に特化された科目」であり、知的障害者とともに学び、ライフスキルやソーシャルスキルを磨くための科目である。知的障害者はどちらの科目も受講することが可能である。ただし、前述したCTPの認証を受けているプログラムでは、「学問的にインクルーシブな科目」を全受講科目の50%以上受講することで奨学金の給付が受けられるため、インクルーシブな科目を受講する知的障害者は増加傾向にある。

　2018年〜2019年のデータ（Grigal, et al. 2019）によると、969名の知的障害者が、二年制大学・四年制大学の6,762の科目を受講登録しており、そのうち

58％が「学問的にインクルーシブな科目」である。知的障害者は1年間に1人平均7科目を受講し、その内訳としては「学問的にインクルーシブな科目」を4科目、「学問的に特化された科目」を3科目となっている。「学問的にインクルーシブな科目」には、「マルチメディア制作」、「ジャーナリズム基礎」、「マーケティング基礎」、「図書サービス概論」などがある（Grigal, et al. 2019）。

　二年制大学と四年制大学の比較では、二年制大学の知的障害者の受講登録は63％が「学問的にインクルーシブな科目」であり、四年制大学では57％となっている。この差異の背景には、コミュニティカレッジなどの二年制大学には、ライフスキルなど知的障害者が参加しやすい生活に直結した科目が多いことが考えられる。

　証明書（履修・資格）に関しては、2018年〜2019年のデータ（Grigal, et al. 2019）によると、TPSIDを実施している58プログラムのうち90％にあたる52プログラムで、知的障害者は一つかそれ以上の証明書を得ることができている。また、53％にあたる31プログラムでは、その高等教育機関が認めた証明書を出しており、5プログラムでは実際の労働市場で認められている証明書と提携した証明書を出している。証明書の例としては、「営業アシスタントの証明書」、「キャリア探求研究の証明書」などがある。これらの証明書を得るために一般的に必要な期間は、二学年（四学期）が29プログラム、四学年が13プログラムとなっている。知的障害者が身につけたい技術を学べることは、就労だけではなく、本人の意欲・自信にもつながるものであり、今後の人生の糧となるものである。学問研究の講義とともに、将来の就労に役立つ講義を受けることができ、さらに証明書を得られることは特筆すべきことだといえる。

　また、学問研究以外にも、米国の大学では知的障害者への支援体制も構築されており、障害支援室における支援の提供、ピアメンター制度、就労支援、住居支援などがある。こういった制度も活用することで、知的障害者は自分の世界を大きく広げることができている。

　このように、TPSIDでは、年月をかけて計画的に高等教育機関に資金援助を行い、段階的に知的障害者の受入れを進め、評価・改善を進めることにより、確実な支援を知的障害者に提供することが可能になったと考えられる。また、TPSIDによって、大学における支援体制が構築され、知的障害者も障害のな

い学生とともに、学びたい講義を受講することができるようになり、大学にお
けるインクルーシブ教育が進んできている。さらに、就労へつながる証明書も
得ることができるため、知的障害者の将来を見据えたプログラムであることが
わかる。

### 3. 知的障害者のための「コーディネートセンター（Coordinating Center)」 の設立

　HEOAでは、知的障害者のための高等教育機関プログラムに関係した技術的
な補助とデータを集めた「コーディネートセンター」の設立が規定されてい
る。

　同規定を受け、Think Collegeが、マサチューセッツ州立大学に「ナショナ
ルコーディネートセンター（National Coordinating Center)」を設立し、TPSID
のプログラムの評価、知的障害者のための学問、社会性、雇用や自立した生活
のためのプログラムの構成要素に関係したより良い実践の情報を収集してい
る。

　ナショナルコーディネートセンターの使命は、TPSIDの評価を実施し、二年
制大学や四年制大学、地方教育当局、家族、学生、知的障害者のためのインク
ルーシブな高等教育の発展・拡大・改善に関心をもつ関係者等に技術的な補助
やトレーニングを提供することである。つまり、ナショナルコーディネートセ

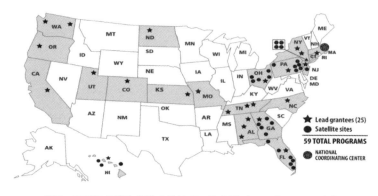

**図2　TPSIDの資金援助を受けている大学（2015年〜2020年）**

出典：Grigal, et al. (2019:2)

ンターには多様な知見が集約されており、大学はそれらを活用することができるのである。

　図2は「TPSIDの資金援助を受けている大学（2015年〜2020年）」であり、ナショナルコーディネートセンターのある東海岸の高等教育機関を中心にTPSIDのプログラムが実施されている。今後は、全米各地にTPSIDを実施する大学が広がることが期待される。

## Ⅲ．大学における知的障害者受入れの成果と課題

　本章では、TPSIDのデータとともに知的障害者を受入れている大学の教職員、知的障害者、他の学生の言葉を紐解きながら、大学における知的障害者受入れの成果と課題について明らかにしていく。まず、知的障害者を受入れている大学の教員は、次のように述べている（Grigal, et al. 2018: 7）。

　「インクルーシブなクラスがよりダイナミックでより魅力的であることは非常に明白です。知的障害者は環境、学習環境を変えます。彼等は熱心です。彼等は前に出て質問をします。彼等は常に参加します。彼等は決して遅れることはありません。そして、彼等は基本的に教育実習生のロールモデルです」

　大学の教員の言葉から、知的障害者はとても積極的で、障害のない学生とともに学ぶことにより、クラスがよりダイナミックでより魅力的になることがわかる。

　また、大学教員を対象とした調査では、教員は「大学におけるインクルーシブな状況は知的障害者に利益をもたらすだけではなく、多くの点で障害のない学生に利益をもたらしている」（Taylor, et al. 2021: 7）と述べ、インクルーシブな授業では、知的障害者の「熱意」のレベルが高く、「前向きな態度」が強く、そしてこの「エネルギー」が「他の学生の間で伝染する」ことが特徴になっていると指摘されている

　さらに、セントラル・フロリダ大学の教授は、同大学の知的障害者のプログラムについて次のように述べている（Grigal, et al. 2019: 7）。

　「私は本当にインクルーシブ教育サービス（以下、IES）が大好きです。IESの学生は、クラスに素晴らしい層をもたらします。…（中略）… 学期が進む

につれて私はより快適になっていきました。すべての人にとっての学びの機会です。私はコース要件を修正することで、IESの学生に対してより透明性を高めるように努めました。今学期、IESの学生がクラスの最優秀者です。彼は並外れた存在です。最初に課題を終えて手を挙げました。やってみないと分からないものですね」

　教授は知的障害者が障害のない学生とともに学ぶことは、すべての人にとっての学びの機会であると評している。また、クラスにおける知的障害者の予想外の活躍から、このプログラムが可能性を秘めていることが理解できる。

　加えて、TPSIDのスタッフは、「大学1年生と3年生の知的障害者の間には明確な違いがあります。3年目までに彼らの自信は非常に高くなります。彼等はより言語的で、より社交的です。それを見るのは本当に素晴らしい。彼等の両親は本当に幸せです」(Grigal, et al. 2018: 9) と述べている。TPSIDのスタッフの言葉から、大学生としての経験を重ねることにより、知的障害者は学問研究だけではなく、コミュニケーション能力などのライフスキルも向上させていることがわかる。

　大学で学ぶ知的障害者の評価としては、シンシナティ大学の「移行とアクセスプログラム」(以下、TAP) 4年生であるジェシカはTAPとシンシナティ大学の独立性、エネルギー、雰囲気が気に入っていると述べ、「私は教員になりたいので、まずアシスタントになって働くことから自分の道を歩みます」(Grigal, et al. 2019: 12) と将来の夢について語っている。知的障害者が大学における学びから将来の夢を描けることは特筆すべきことである。

　また、カンサス大学の「移行と中等教育後教育」の学生であるタナーは、大学で寮生活を送っており、「寮に住むことは私にとって大きな問題でした。なぜなら、私は初めて本当の自立を手に入れたからです。だから、私は何を食べるのか、何をどれだけ飲むのか、何時に寝るのかを選ぶことができるようになりました」(Grigal, et al. 2019: 10) と述べている。つまり、寮生活によって、タナーは初めて自己選択・自己決定という能動的な権利を行使できたのである。大学の寮生活が、知的障害者にライフスキルの向上などの大きな影響を与えたことが理解できる。

　さらに、ミラーズビル大学のTPSIDプログラムの学生であるジャニーンは、

「プログラムに参加することは、キャンパスの学生寮に住み、4つの講義を受講し、自立するという点で素晴らしい経験でした。このプログラムに参加することで私の人生は変わりました」（Grigal, et al. 2017b: 7）と述べている。大学生活が、学問研究だけではなく、自立するという意味でも意義深いことがわかる。

　障害のない学生の意見として、ヴァンダービルト大学で知的障害者のピアメンターをしているレベッカは、「彼等は私が今までキャンパスで出会った中で最も勤勉な学生です。…（中略）… 彼等のゆるぎない前向きな姿勢を通して、私自身、大学における自分の時間に対する見方に変化を感じました」（Moody 2013）と述べている。

　このように、教職員、知的障害者、他の学生ともに多くの成果を取り上げている。

　その一方で課題としては、大学教員を対象とした調査によって、教員が知的障害者について十分に知らず、効果的に教えることができていないことや個々の知的障害者に関する情報の不十分さが指摘されている（Taylor, et al. 2021）。

　プログラムの修了に関しては、2018年〜2019年では、386名の学生のうち、78％にあたる300名がプログラムを修了し、少なくとも一つの資格か証明書を得ることができている（Grigal, et al. 2019）。しかしながら、86名はプログラムを修了することができていない。最も一般的な理由は、プログラムに参加したくなくなったこと（35名）であり、この点についてはさらなる調査や改善が必要である。

　また、キャンパスライフを知的障害者に提供することに関していくつかの課題が指摘されており、それらには知的障害者の自己決定の支援、安全性に関する親の懸念への対処、知的障害者の社会的な発達課題によって大学のキャンパスで必然的に発生する対人関係の問題への対処が含まれている（Grigal, et al. 2016）。

　さらに、すべてのTPSIDプログラムでは、キャンパスの社会活動への参加を促進または支援するとしているが、知的障害者の中には大学における活動や組織に参加したくないと考える場合も見られる（Grigal, et al. 2016）。そのため、どのように本人が大学における社会活動に参加したいと思えるようにして

いくのかが課題だといえる。

## Ⅳ．おわりに

　2008年HEOAの施行を契機として、知的障害者の高等教育機関進学に対する経済的支援など重要な手立てが提供されることになり、着実に大学で学ぶ知的障害者が増加していることが明らかとなった。また、TPSIDでは年月をかけて計画的に高等教育機関に資金援助を行い、段階的に知的障害者の受入れを進め、評価・改善を進めることにより、確実な支援を知的障害者に提供することが可能になっていることが示された。さらに、TPSIDによって、大学における支援体制が構築され、知的障害者も障害のない学生とともに、学びたい講義を受講することができるようになり、大学におけるインクルーシブ教育が進んできていることがわかった。

　大学における知的障害者受入れの成果としては、教職員、知的障害者、他の学生の言葉から、インクルーシブな授業における知的障害者の熱意や前向きな態度によるエネルギーが他の学生の間で伝染することが特徴になっており、大学におけるインクルーシブ教育は知的障害者に利益をもたらすだけではなく、教職員や障害のない学生にも利益をもたらしていることが明らかとなった。また、大学生としての経験を重ねることにより、知的障害者は学問研究だけではなく、コミュニケーション能力などのライフスキルも向上させていることが示された。大学における知的障害者の受入れが進んだことにより、知的障害者は早期自立や早期就労の考えに縛られることなく、学問研究とライフスキルの向上を両立できるようになった。このことは特筆すべきことである。

　しかしながら、教員が知的障害者について十分に知らず、効果的に教えることができていないこと、個々の知的障害者に関する情報の不十分さ、プログラムを修了できないケース、大学がキャンパスライフを知的障害者に提供するにあたっての課題などが見られ、さらなる調査や改善が必要であることが示された。

　今後は、これらの課題について、引き続きより多角的に検討していきたい。

# 文献

Grigal, M., et al.（2016）*Think College National Coordinating Center – Annual Report on the Transition and Postsecondary Programs for Students with Intellectual Disabilities Year 5（2014-2015）*, University of Massachusetts Boston & Institute for Community Inclusion.

Grigal, M., et al.（2017a）*Year One Program Data Summary（2015-2016）from the TPSID Model Demonstration Projects*, University of Massachusetts Boston & Institute for Community Inclusion.

Grigal, M., et al.（2017b）*Year One Student Data Summary（2015-2016）from the TPSID Model Demonstration Projects*, University of Massachusetts Boston & Institute for Community Inclusion.

Grigal, M., et al.（2018）*Year Three Annual Report of the TPSID Model Demonstration Projects（2017-2018）*, University of Massachusetts Boston & Institute for Community Inclusion.

Grigal, M., et al.（2019）*Year Four Annual Report of the TPSID Model Demonstration Projects（2018-2019）*, University of Massachusetts Boston & Institute for Community Inclusion.

Grigal, M. and Hart, D.（2010）'Critical Components for Planning and Implementing Dual Enrollment and Other Postsecondary Education Experiences', In Grigal, M. and Hart, D. et al., *Think College! – Postsecondary Education Options for Students with Intellectual Disabilities*, Paul H. Brookes Publishing Co.

水野和代（2018）「アメリカ合衆国における知的障害者の高等教育機関進学の背景と現状」『中部社会福祉学研究』第９号、日本社会福祉学会中部部会

水野和代（2019）「アメリカ合衆国の大学における知的障害学生の自己決定に関する研究」『発達・知的障害者の大学教育研究』第２号、NPO 法人見晴台学園大学

水野和代（2020）「知的障害者の大学進学に関する研究―米国の実践からの示唆―」『中部社会福祉学研究』第 11 号、日本社会福祉学会中部部会

文部科学省（学校卒業後における障害者の学びの推進に関する有識者会議）（2019）「障害者の生涯学習の推進方策について―誰もが、障害の有無にかかわらず共に学び、生きる共生社会を目指して―（報告）」

Moody, R.（2013）*Peer Mentoring: It Can Change Your Life*,（https://thinkcollege.net/resource/mentoring/peer-mentoring-it-can-change-your-life, 2021.7.8）

University of South Alabama（2021）*Passage USA*,（https://www.southalabama.edu/colleges/ceps/passage/, 2021.7.8）

Taylor, A. et al.（2021）'"More Dynamic, More Engaged": Faculty Perspectives on Instructing Students with Intellectual Disability in Inclusive Courses', *Journal of Inclusive Postsecondary Education*, 3（1）.

Think College (2021) *Requirements of Comprehensive Transition and Postsecondary Programs,* (https://thinkcollege.net/think-college-learn/comprehensive-transition-programs/requirements-comprehensive-transition-programs, 2021.8.20)

SNEジャーナル, 27(1), 2021, 147－157

**報　告**

# 自閉スペクトラム症と食の困難に関する研究動向

## 田部 絢子
（金沢大学人間社会研究域学校教育系）

## 髙橋 智
（日本大学文理学部教育学科）

## Ⅰ．はじめに

　自閉スペクトラム症（以下、ASD）は社会的交流およびコミュニケーションの障害、反復常同的な行動様式を特徴とし、知的能力障害を伴う場合もある神経発達障害である。障害の特性に加え、多様な症状や生活上の困難を併せ持ちやすいことが報告されている。例えば、ASD児は定型発達児よりも有意に多くの摂食困難と睡眠困難を示し（Kozlowskiら：2012）、発育の遅れ、発話の遅れ、筋緊張低下、てんかん、睡眠困難、不安、胃腸障害（便秘・下痢）、摂食困難・異食症、湿疹、破壊的行動、ADHDなどの症状を併せもつことが多いが、ASD児が複数の症状を併せもつことについての一般的認識は低い（Neumeyerら：2019）。

　ASD児の顕著な困難の一つとして食の困難がある。ASD児の有する食の困難は、食物・料理・食器具・食事環境に関する過敏性、極端な偏食、異食、肥満、アレルギー等の極めて多様な様相を呈し、家庭や学校における本人・保護

---

**キーワード**
自閉スペクトラム症　autism spectrum disorders（ASD）
食の困難　eating difficulties
食物選択性　food selectivity

者・教師の戸惑い・困難も多いのが現状である。食は感覚（感覚過敏）や運動（口腔運動、嚥下）の影響とともに、不安の影響も受けやすい。「食べる」という行為は自己の体内に「食物＝異物」を直接的に受け入れることであり、本来的に不安・緊張等を伴いやすい営みであるため、新奇恐怖性や感覚過敏等を有する発達障害当事者にとっては不安・緊張・恐怖・ストレス等を強めやすく、防衛反応が強まり、本人なりの「安心・安全」を求めた結果、偏食等として表れているとも推察される。馴染みのない経験は不安を引き起こしやすいため、食べることにおいて同一性に固執することは落ち着くための一つの方法ともいえる（Potock：2016）。

　近年ようやくASDと偏食の問題に関心が向けられている。偏食の背景として感覚過敏性が指摘され、偏食が家庭・保護者の大きなストレスとなっていることなどが示されている（篠崎・川崎・猪野ほか：2007）が、ASD当事者の困難・支援ニーズにもとづいて実態解明に着手され始めたところであり、具体的な発達支援の方法やシステムの提案には至っていない（田部・髙橋：2019）。

　それゆえに本稿では、ASD当事者が有する食の困難やその発達支援に関する海外の研究動向を概観し、食の困難を有するASD当事者とその家族を支える支援の課題を検討することを目的とする。対象となる研究は「Autism（Autism Spectrum Disorders）」及び「eating/feeding difficulties」「eating/feeding problems」「food selectivity」をキーワードとして、Google Scholar を用いて2000年以降2021年までの研究を検索し、検索された170件の研究のうち、本稿の目的に照らして関連のない研究を省いた31件の海外の研究を採用した。なお、「偏食」は国際的には「食物選択性（Food Selectivity）」と示すことが多い。「食物選択性」に明確な定義はないが、好き嫌いの多い食事、頻繁な食品の拒否、限られた食品のレパートリー、少数の食品の過剰摂取、炭水化物などの特定の食品カテゴリーの選択的摂取を指すものとして使用されている。以下、本稿においても「食物選択性」と記す。

## Ⅱ．ASDと食物選択性

　ASD児は食物選択性、感覚処理の困難、口腔運動の困難、嚥下障害の症状

などを有していることが報告され、感覚処理と摂食・嚥下の困難に特異性があることも明らかになっている。例えばWtwtら（2015）は、自閉症児が有する食の困難は限定的な食品の種類47.1%、限定的な食品の食感52.9%、食品の拒否40%、食物アレルギー11.4%、異食症25.7%であったこと、Seiverlingら（2018）は、ASD群は非ASD言語発達遅滞群と比べてテクスチャーによる食物選択性（23.1%対7.1%）、食品の種類による食物選択性（24.4%対11.8%）、新しい食品の拒否（10.3%対0%）、食品の過剰な詰め込み（14.1%対3.5%）が多いと報告している。他にも、Fieldら（2003）は摂食問題（食物拒絶、種類・食感による食物選択性、口腔運動、嚥下障害）の有症率を検討したところ、自閉症児の62%に食物選択性がみられたことを示した。Bandiniら（2010）は、ASD児は定型発達児よりも多くの食物拒絶を示し、提供された食物に対する拒絶の割合が高いこと（ASD児41.7%、定型発達児18.9%；p< .001）、さらに、ASD児の食物レパートリーは定型発達児よりも限定的で、選択する食品数が少ないこと（ASD児19.0%、定型発達児22.5%；p< .001）を明らかにしている。Suarez（2012）によれば40%～ 60%のASD児は食物選択性を有しており、Nicole（2016）はASD児の感覚問題の重症度と食行動の困難および食物・栄養素摂取量との関連を調査した結果、ASD児の90.2%が感覚の問題を抱え、41.5%に食行動の困難が認められたことを示している。

　以上のように、ASD児では定型発達児に比べて高い割合で食物選択性の問題があることが報告され、ASDの食の困難に関連する要因が検討されている。例えば、Hubbardら（2014）は、食品拒否の理由について調査を行い、ASD児は定型発達児と比べて食感（ASD児77.4%、定型発達児36.2%）、味・匂い（ASD児49.1%、定型発達児5.2%）、食品の混合（ASD児45.3%、定型発達児25.9%）、ブランド（ASD児15.1%、定型発達児1.7%）、形状（ASD児11.3%、定型発達児1.7%）によって食品を拒否する可能性が有意に高く、色による食品拒否はASD児と定型発達児に違いはないという結果を明らかにしている。

　また、ASD当事者が有する食の困難と感覚調節障害との関連も指摘されている（Cermakら：2010、Suarez：2012）。ASD者では偏食の要因として食品の色が作用する程度が有意に高いことや（ASD者34.1%、定型発達者14.6%）（Kimら：2015）、ASDや感覚過敏症の人にとって白または無色の食品は特に魅

力的または許容（受容）しやすいとの報告もある（Strand：2020）。

　ASD児の摂食問題の多くは加齢とともに改善するが、長期的に深刻な摂食問題を抱える人も少なくないとの報告もある（Peverillら：2019、Kralら：2014）。Kuschnerら（2015）はASD成人当事者を対象に食の困難に関する自己評価を収集し、広範な感覚処理困難と選択的摂食は成人期まで続くために健康への影響も懸念されることを明らかにし、さらに友人や家族との外出や会食等を避けるために日常生活スキルの向上の機会を制限する可能性について指摘している。

## Ⅲ．ASDの食の困難と健康状態

　ASD児の栄養摂取の問題も指摘されている。例えばSuarez（2012）は、ASD児は定型発達児よりも食物摂取は少なく（ASD児33.5食品、定型発達児54.5食品、P<.001）、特に食物選択性のあるASD児はカルシウム、亜鉛、ビタミンD、およびビタミンB12が不足するリスクが高いと指摘している。Herndonら（2009）とBeighleyら（2013）もASD児はカルシウム及び乳製品の摂取量が少ないことを明らかにしている。Nicole（2016）によると、50%以上のASD児は果物、野菜、パン/シリアル、乳/乳製品、カルシウムについてニュージーランドの保健省が推奨する摂取量を満たしておらず、ASD児は定型発達児よりもビタミンやミネラルのサプリメントを摂取する傾向があった（Locknerら：2008）。食事のレパートリーに含まれる食品が20以下のASD児では食事全体に占める野菜や果物の割合が低く、スナック等のエンプティカロリー食品が多いという事実は、将来の健康状態に影響を与える可能性を示している（Suarezら：2015）。

　ASD児の体重管理に関する問題も指摘されている。例えば肥満について、Curtinら（2010）は全国児童健康調査において収集された3〜17歳の子ども85,272人に関する二次データ分析を行った結果、ASD児の肥満有症率は30.4%（p=.075）、非ASD児は23.6%であり、ASD児の肥満のオッズ比は非ASD児と比較して1.42（p=.052）であった。肥満の要因として、ASD児は社会的スキルの困難や不器用などが影響してスポーツや身体活動にうまく参加できなかった

り、特異的な食事パターンがあることを挙げている。体重と食事の関連について、Wtwtら（2015）の調査では、ASD児の体重は低体重5.7%、正常体重40%、肥満54.3%であり、低体重のすべてのASD児に選択的摂食（食品の種類・食感）、食事中の行動上の問題、食物アレルギーや下痢などの病歴があり、肥満のASD児には食事中の座位の問題、1日3回以上の食事、1回あたりの食事に30分以上かかるという履歴があった。

　ASD者の胃腸機能に関する問題も指摘されている。例えばKangら（2014）は、ASD児の胃腸機能障害に関するコホート研究を行い、ASD児の49%に慢性的な消化管の愁訴があり、具体的には便秘26%、下痢22%、膨満感13%、嘔吐または胃食道逆流症10%であった。Chaidezら（2014）は、ASD児と発達遅滞児は定型発達児と比較して胃腸症状の頻度が高くなる可能性が少なくとも3倍高く、ASD児では下痢、便秘、ガス・膨満感、食物過敏症の発症率は5～9倍高いと報告している。また、ASD児の40.5%は重度の胃腸症状があり、胃腸症状と食物選択性の併存グループは睡眠障害・自傷行為・不安障害も有していた（Prosperiら：2017）。ASD児には便秘も多く、便秘は偏った食生活に起因し、食欲を低下させ、新しい食品を試す意欲を低下させることによって摂食困難を強化する可能性を示唆している（Fieldら：2003）。

## Ⅳ．ASDの食の困難と保護者のストレス

　ASD児の食の困難は家族にとっても大きなストレス要因になっている（Curtinら：2015）。保護者の「子どもに食事をさせるのが難しい」という声も多く、例えば食感・味の好み（カリカリまたは塩辛い食品のみを食べる）や特異な食行動（哺乳瓶やシッピーカップからのみ飲む）等が挙げられるが、これらの実際をふまえた研究は十分ではないとSchreckら（2006）は指摘している。そのなかでAdamsら（2020）は食の困難を有するASD児の保護者にインタビュー調査を行い、ASD児と家族の食事経験について詳細に記述している。ASD児の保護者の65%が摂食困難を経験しており、「子どもは緑、白、茶色の食べ物を食べることに固執しており、他に何をすべきかわからない」「麺かシリアルしか食べられないので、常にシリアルとミルク、麺があることを確認す

る必要がある」「子どものストレスや欲求不満を和らげるために、私は子どもが食べられる物を用意し、それとは別に家族の食べ物を用意している」「ゆっくり噛んで食べることが難しく、レストランのような場所ではさらに興奮してとても速く食べ、嘔吐や窒息しないか心配」というように、多くの保護者がASD児の食の困難の対応に苦労している。そして、「ストレスがたまる。子どもは普通の食べ物を試すことを拒否し、子どもの反応は本当に私を悲しませる。私たちの食べ物を見るだけでも子どもは動揺することがあるので、食事は分けている。テーブルに座ってみんなで一緒に食事をしたい」というように、ASD児の食の困難が保護者・家族の大きなストレス要因となっており、一緒に食事できないことは家族としてつながる機会の喪失と感じているとも述べている。

　このような状況をふまえ、保護者に対する支援の重要性が指摘されている。Kralら（2014）は食物回避行動のあるASD児は幼少期に過剰な体重増加のリスクが高く、心血管を含む疾患、Ⅱ型糖尿病、骨と関節の問題を発症するリスクがあり、健康に即時・長期の悪影響を与える可能性があることを示唆している。保護者は不適切な摂食行動を防ぎ、感覚過敏症に対処し、家族の健康的な食生活のための継続的支援を求めており、地域の保健師や看護師は複雑な摂食行動に対処できる摂食クリニックに家族を紹介し、保健師がコーディネートしながら心理士、高度実践看護師、登録栄養士（大学院レベルにおいて障害者など特別な対応が必要な者に対する専門教育を修めた栄養士）の連携・協働によって支援する必要があると述べている。Nadonら（2011）は、カナダにおけるASDの診断は多くの場合、2歳から4歳の間になされるが、その前後において保護者は、専門家の介入がないままにASD児の食の困難を含む多くの問題に対処しようと抱え込んで苦労し、その結果、ASD児の食の困難の重度化にも繋がると指摘する。保護者・介護者に適切な情報や支援を早期に提供するためには、ASD児の診断・判定のアセスメントにおいて感覚プロファイルを行うとともに、食の困難に係る検査を含める必要があると提案している。さらに、Provostら（2010）によると、ASD児の食物選択性や食事の際の着席に抵抗したり、食べ物を投げたりするという食行動の困難に対する保護者の懸念は1歳以降に大幅に増加するが、発達の初期段階から定型発達児とは異なる食の

困難を示すことは、小児セラピストが摂食を含む子育ての困難に早い段階で気づき、その評価を行って発達支援の介入を計画することに役立つと述べている。

　栄養等の支援にかかわる専門家はASD児の食事の良い面を把握し、家族が楽しい食事を体験できるように保護者や子どもを支援することも重要である（Locknerら：2008）。Zlomkeら（2020）は、ASD児の食の困難と母親の不安の関連を分析した結果、母親の50％以上が子どもの摂食に関する困難を報告し、母親の感情と対応がASD児の摂食行動の発達と継続に影響する可能性を示唆し、ASD児の摂食困難に対する支援においては、母親の感情や行動にも対処する必要性を提起している。Adamsら（2020）の保護者インタビューでも、食に困難のあるASD児の保護者の40％が家族からのサポートの欠如を感じており、「家族の何人かは子どものことを理解しておらず、私を傷つける」「家族の中で私よりも子どものことを理解している人はおらず、母親として子どものルーチンに合わせて調整する必要があり、私だけが多くのことに直面している」と述べられている。サポートシステムがないことが保護者の感情的、社会的、心理的幸福に与える大きな影響を浮き彫りにし、保護者が否定的な感情を経験している場合は、さらにASD児へのサポートを低下させる可能性があるため、強力なサポートシステムの重要性を提起している。

## Ⅴ．おわりに

　本稿では、ASD当事者が有する食の困難やその発達支援に関して、諸外国における研究動向を概観し、その実態と食の困難を有するASD当事者とその家族を支えていく支援の課題を検討してきた。ASD当事者の有する食の困難と支援に関する研究は欧米諸国だけでなく、アジア、オセアニア、アフリカ、イスラム諸国など世界各国で展開されており、地域や慣習、食文化を超えた共通の課題となっていることが示唆された。ASD当事者は感覚過敏・低反応等の感覚情報処理の困難やそれに伴う多様な身体症状を有しているが、そのことが食の困難としても大きく顕在化し、家庭・学校・社会生活における本人と家族のQOLの困難にも影響していた（Kuschnerら：2015）。

　ASD当事者の食の困難・支援ニーズに関する検討は、医学、病理学、栄養学、心理学など多領域の研究アプローチによって国際的に重要な基礎データが徐々に蓄積されつつある。一方、対象者の少ない調査・臨床報告も多く、また調査対象は若干の当事者調査研究があるものの大半が保護者である。ASD当事者が抱える食の困難とその背景にある感覚過敏・低反応等の感覚情報処理の困難やそれに伴う多様な身体症状、ASD当事者が日常生活において直面する不安・恐怖・ストレス等の困難や支援ニーズの全体像を把握するための実証的研究は緒についたばかりである。

　Foxら（2018）は、食物選択性については理解されにくい現象であるが、食の困難を有する当事者を「自分の経験の専門家」と捉えて、当事者の語ることを丁寧に傾聴することが、この問題を解明するための出発点として最適なアプローチであると述べている。人が生きる上で不可欠な「食べる」行為への合理的配慮とQOLの向上をめざすことは基本的人権の保障でもあり、そのためには当事者の抱える食の困難・支援ニーズの傾聴と当事者を交えた対応・支援策の検討が不可欠である。

### 文献

Adams, S.N., Verachia, R. & Coutts, K.(2020)A blender without the lid on': Mealtime experiences of caregivers with a child with autism spectrum disorder in South Africa, South African Journal of Communication Disorders, 67, n.1.

Bandini, L.G., Anderson, S.E., Curtin, C., Cermak, S., Evans, E.W., Scampini, R., Maslin, M. & Must, A.(2010)Food Selectivity in Children with Autism Spectrum Disorders and Typically Developing Children, The Journal of Pediatrics, 157(2), pp.259-264.

Beighley, J.S., Matson, J.L., Rieske, R.D. & Adams, H.L.(2013)Food selectivity in children with and without an autism spectrum disorder: Investigation of diagnosis and age, Research in Developmental Disabilities, 34, pp.3497-3503.

Cermak, S.A., Curtin, C. & Bandini, L.G.(2010)Food Selectivity and Sensory Sensitivity in Children with Autism Spectrum Disorders, Journal of the American Dietetic Association, 110(2), pp.238-246.

Chaidez, V., Hansen, RL. & Hertz-Picciotto, I.(2014)Gastrointestinal problems in children with autism, developmental delays or typical development, Journal of Autism and Developmental Disorders, 44, pp. 1117-1127.

Curtin, C., Anderson, S.E., Must, A. & Bandini, L.(2010)The prevalence of obesity in children with autism: a secondary data analysis using nationally representative data from the National Survey of Children's Health, BMC Pediatrics, 10, Article number: 11.

Curtin, C., Hubbard, K., Anderson, S.E., Mick, E., Must, A. & Bandini, L.G.(2015)Food Selectivity, Mealtime Behavior Problems, Spousal Stress, and Family Food Choices in Children with and without Autism Spectrum Disorder, Journal of Autism and Developmental Disorders, 45, pp.3308–3315.

Field, D., Garland, M. & Williams, K.(2003)Correlates of specific childhood feeding problems, Journal of Paediatrics and Child Health, 39, pp. 299-304.

Fox, G., Coulthard, H., Williamson, I. & Wallis, D.(2018)"It's always on the safe list": Investigating experiential accounts of picky eating adults, Appetite, 130, pp. 1-10.

Herndon, A.C., Guiseppi, C.D., Johnson, S.L., Leiferman, J. & Reynolds, A.(2009)Does Nutritional Intake Differ Between Children with Autism Spectrum Disorders and Children with Typical Development?, Journal of Autism and Developmental Disorders, 39, Article number: 212.

Hubbard, K.L., Anderson, S.E., Curtin, C., Must, A. & Bandini, L.G.(2014)A Comparison of Food Refusal Related to Characteristics of Food in Children with Autism Spectrum Disorder and Typically Developing Children, Journal of the Academy of Nutrition and Dietetics, 114(12), pp.1981-1987.

Kang, V., Wagner, G.C. & Ming, X.(2014)Gastrointestinal dysfunction in children with autism spectrum disorders, Autism Research, 7(4), pp. 501-506.

Kim, Y., Son, J.H. & Lim, Y.(2015)Eating Habits and Dietary Intakes of Korean Adolescents with Intellectual Disabilities and Autism Spectrum Disorders, Journal of the Korean Wellness Society, 10, pp.265-275.

Kozlowski, A.M., Matson, J.L., Belva, B. & Rieske, R.(2012)Feeding and sleep difficulties in toddlers with autism spectrum disorders, Research in Autism Spectrum Disorders, 6(1), pp.385-390.

Kral, TV.E., Souders, M.C., Tompkins, V.H., Remiker, A.M., Eriksen, W.T. & Pinto-Martin, J.A. (2014)Child Eating Behaviors and Caregiver Feeding Practices in Children with Autism Spectrum Disorders, Public Health Nursing, 32(5) , pp. 488-497.

Kuschner, E.S., Eisenberg, I.W., Orionzi, B., Simmons, W.K., Kenworthy, L., Martin, A. & Wallace, G.L.(2015)A preliminary study of self-reported food selectivity in adolescents and young adults with autism spectrum disorder, Research in Autism Spectrum Disorders, 15(16), pp. 53-59.

Lockner, D.W., Crowe, T.K. & Skipper, B.J.(2008)Dietary Intake and Parents' Perception of Mealtime Behaviors in Preschool-Age Children with Autism Spectrum Disorder and in Typically Developing Children, Journal of the American Dietetic Association, 108

(8), pp. 1360-1363.

Nadon, G., Feldman, D.E., Dunn, W. & Gisel, E.(2011)Association of Sensory Processing and Eating Problems in Children with Autism Spectrum Disorders, Autism Research and Treatment, Article ID 541926.

Neumeyer, A.M., Anixt, J., Chan, J., Perrin, J.M., Murray, D., Coury, D.L., Bennett, A., Farmer, J. & Parker, R.A.(2019)Identifying Associations Among Co-Occurring Medical Conditions in Children With Autism Spectrum Disorders, Academic Pediatrics, 19(3), pp.300-306.

Nicole, T.(2016)Associations between sensory issues, mealtime behaviours, and food and nutrient intakes in children with Autism Spectrum Disorder, Master's thesis at Massey University.

Peverill, S., Smith, I.M., Duku, E., Szatmari, P., Mirenda, P., Vaillancourt, T., Volden, J., Zwaigenbaum, L., Bennett, T., Elsabbagh, M., Georgiades, S. & Ungar, W.J.(2019) Developmental Trajectories of Feeding Problems in Children with Autism Spectrum Disorder, Journal of Pediatric Psychology, 44(8), pp. 988–998.

Potock, M.(2016)3 Tips for Parents to Help Kids With Autism Eat, Speech-Language Pathology, https://intjsh.sums.ac.ir/article_45061.htm

Prosperi, M., Santocchi, E., Balboni, G., Narzisi, A., Bozza, M., Fulceri, F., Apicella, F., Igliozzi, R., Cosenza, A., Tancredi, R., Calderoni, S. & Muratori, F.(2017)Behavioral Phenotype of ASD Preschoolers with Gastrointestinal Symptoms or Food Selectivity, Journal of Autism and Developmental Disorders, 47, pp.3574–3588.

Provost, B., Crowe, T.K., Osbourn, P.L., McClain, C. & Skipper, B.J.(2010)Mealtime Behaviors of Preschool Children: Comparison of Children with Autism Spectrum Disorder and Children with Typical Development, Physical & Occupational Therapy In Pediatrics, 30(3), pp.220-233.

Schreck, K.A. & Williams, K.(2006)Food preferences and factors influencing food selectivity for children with autism spectrum disorders, Research in Developmental Disabilities, 27(4), pp. 353-363.

Seiverling, L., Towle, P., Hendy, H.M. & Pantelides, J.(2018)Prevalence of Feeding Problems in Young Children With and Without Autism Spectrum Disorder: A Chart Review Study, Journal of Early Intervention, 40(4), pp.335-346.

篠崎昌子・川崎葉子・猪野民子・坂井和子・高橋摩理・向井美惠（2007）自閉症スペクトラム児の幼児期における摂食・嚥下の問題（第1報）（第2報）、『日本摂食・嚥下リハビリテーション学会誌』11 (1)、pp.42-51、pp.52-59。

Strand, M.(2020)Eggs, sugar, grated bones: colour-based food preferences in autism, eating disorders, and beyond, Medical Humanities, doi：10.1136/medhum-2019-011811

Suarez, M.A.(2012)Sensory Processing in Children with Autism Spectrum Disorders and Impact on Functioning , Pediatric Clinics, 59(1), pp.203-214.

Suarez, M.A. & Crinion, K.M.(2015)Food Choices of Children With Autism Spectrum Disorders, International Journal of School Health, 2(3), pp.1-5.

田部絢子・髙橋智(2019)『発達障害等の子どもの食の困難と発達支援』風間書房。

Wtwt, E.T. & Farhood, H.F.(2015)Feeding Problems and Nutritional Assessment in Children with Autism, Karbala Journal of Medicine, 8(1), Pages 2172-2186.

Zlomke, K., Rossetti, K., Murphy, J., Mallicoat, K. & Swingle, H.(2020)Feeding Problems and Maternal Anxiety in Children with Autism Spectrum Disorder, Maternal and Child Health Journal, 24, pp.1278–1287.

158　　　　　　　SNE ジャーナル，27(1)，2021，158 - 168

**報　告**

# スウェーデンにおけるコロナ禍と
# 子どもの発達危機に関する動向

能田 昴

（尚絅学院大学総合人間科学系）

石川 衣紀

（長崎大学教育学部）

田部 絢子

（金沢大学人間社会研究域学校教育系）

髙橋 智

（日本大学文理学部）

## Ⅰ．はじめに

　新型コロナウイルス感染症（COVID-19）の感染拡大は依然として世界各国で続いている。パンデミックが子ども・社会的弱者を筆頭に人々の生命・生存への直接の脅威となる厄災であることを目の当たりにしている。

　子どもの生活に与えた影響は計り知れないが、それらの困難・支援ニーズについての解明はきわめて不十分である。これまでに行われた実態調査からは、感染症そのものへの不安・恐怖、常に自粛・我慢を強いられる先行きの見えない生活の中での抑うつや孤独・孤立、一斉休校によるストレスや学校に行きづ

---

キーワード

スウェーデン　Sweden

新型コロナウイルス感染症　COVID-19

子どもの発達危機　Developmental Crisis of Children

らいと感じる子どもの増加、子どもの自殺者数の増加なども示され、多様かつ非常に深刻な影響がすでに見られている（山野：2021）。

　これらの問題は日本だけに立ち現れるものではなく、世界共通の課題でもある。各国の社会状況と子どもが置かれている実態に基づき、その差異や共通性から感染症災害でもたらされる子どもの発達危機について比較検討することは喫緊の課題である。人々が「総障害者化」されたとも表現されるなかで「現場から声を吸いあげて、そこから組織全体が絶えず学習して、そして適切できめ細やかな対応をとっていく」重要性が指摘されているが（NHK：2020）、特別ニーズ教育においてもコロナ禍における障害・疾病等の特別ニーズを有する子どもの発達危機の実態を丁寧に明らかにしながら、発達支援に反映させていくことが要請されている。

　上記のような問題意識にもとづき本稿では、スウェーデンにおける新型コロナウイルス感染症による子どもの発達危機と学校教育への影響について、各種の調査や子どもの声などをふまえながら検討していく。

## Ⅱ．スウェーデンにおける感染の動向

　スウェーデンにおける感染の第1波では子どもの感染者数は僅少であった。ロックダウンを行ったフィンランドと比較しても感染者数に大きな差異が見られなかったことから、スウェーデン政府や公衆衛生庁（Folkhälsomyndigheten）は子どもは感染拡大の原因とならないと考えた。

　しかし、2020年12月に感染が再度急拡大し、この第2波では学校教育機関でのクラスターの発生も急増した。クリスマス休暇を挟むことでこの拡大は抑制されたものの、一時はこのクラスターのうち基礎学校（小中学校に相当）での発生が40％を占めた（EXPRESSEN：2020）。子どもへの感染は2021年1月末にようやく落ち着きを見せたが、その後も増減して予断を許さない状況が続いている。

　2021年2月27日、感染者数の増加が制御不能になりつつあることから、Stefan Löfven首相はスウェーデンで初となるロックダウンを行う可能性があると警告するに至った。3月末にはストックホルム南病院でICUが満床となるな

ど、変異株によって医療システムは深刻な大打撃を受けている。感染者数は高
レベルで推移し、集中治療室への深刻な負担が全国に拡大したことを受けて、
4月22日の政府会見では行事等で許可される人数制限の解除が5月まで延期さ
れた。

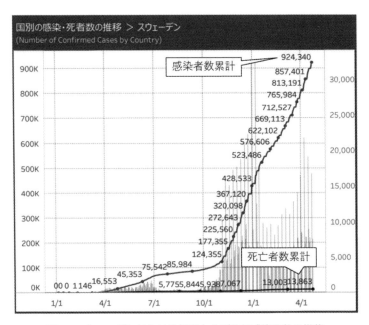

**図1　スウェーデンにおける累計および新規感染者数の推移**

出典：「データとグラフで見る新型コロナウイルス」
https://www.news24.jp/archives/corona_map/index.html

　スウェーデン公衆衛生庁の統計によれば、本稿投稿時（2021年4月24日）
におけるスウェーデンの感染者数は932,000人を超え、13,800人以上が亡くなっ
ており、6,600人を超える患者が集中治療を受けた。0歳から19歳までの子ども・
若者の感染者数は133,000人を超え、死者は12人である（Föreningen Covid19,
Skola & Barn: 2021）。140人のMIS-C（小児多臓器炎症症候群）も発生し、ま
た "Long Covid" と称される多様な後遺症で苦しむ子どもも少なくない。学校
での感染発生は2,300件を超し、子どもはパンデミック拡大の要因にはなり得

ないという従来の見解との狭間で、次に検討するようにスウェーデンのコロナ禍における子ども・学校教育対応は難局を迎えている。

## Ⅲ. スウェーデン政府のコロナ禍における子ども・学校教育対応

前述のようにスウェーデンは各種の感染症対策においてロックダウンを行わない独自路線をとったが、学校教育においても同様であり、就学前学校および基礎学校等の閉鎖は行わなかった。スウェーデンは今回の事態を「社会的な危険・脅威（samhallsfarlig）」と捉えながら、教育を受ける権利を含めて子どもが当たり前の生活を送るための権利を重視したと捉えられる。

こうした背景には学校閉鎖が感染拡大のリスクを減らすという科学的根拠はないという公衆衛生庁の見解のほか、そもそも感染症を理由として全国的な一斉休校を措置する法的根拠がなかったこともある。休校の是非について、田平ら（2021）は教育を受ける権利と義務の扱い（通信授業でも就学義務を果たしていると言えるか、子どものニーズに応じて教育を受ける権利をどう解釈するか）、学校の保育機能（エッセンシャルワーカーを含む保護者の子どもを預かる機能）、学校の福祉的機能（栄養価の高い給食提供等）に係る議論等が背後にあったことを指摘している。

政府はまず法的整備に取り組み、教育を受ける権利に関する規制を緩和したうえで、2020年3月19日に一時的な学校閉鎖に関する新法を制定した。この新法では、学校設置者が就学前学校や学童保育を閉鎖する場合には、特別な支援が必要な子どもやエッセンシャルワーカーの子どもに対して引き続き保育を提供することを定めた。公衆衛生庁は2020年3月17日に高校・大学等は通信授業（遠隔教育）に移行するよう「勧告」しており、これにより感染拡大を予防し「最も脆弱な人」に医療リソースを割り当てること、高校生・大学生等は幼い子どもと違ってケアが必要ないこと等が理由として挙げられた（田平ら：2021）。

高校・職業成人教育・大学等ではオンラインでの遠隔教育が実施され、一時期対面授業へと復帰したものの、第2波が発生すると2020年12月7日には16歳以上の生徒の教育が再び全て遠隔教育に切り替えられ、1週間後にはストッ

クホルムの学校に13 〜 15歳の生徒にも遠隔教育を採用するように要請した。2021年4月からは高校における対面授業が再開している。

　スウェーデン公衆衛生庁（Folkhälsomyndigheten）は2020年11月の報告書において、子どもはパンデミック拡大の要因にはなり得ず、感染した場合の症状も軽症であることを示しながら、安易に学校を閉鎖することによる弊害・問題点を強調している。学校閉鎖が子どもの学習機会の喪失や精神的身体的健康に悪影響を及ぼし、特に障害のある子ども、基礎疾患のある子ども、社会経済的に不利な立場にあるグループの子ども、社会的脆弱性や貧困の中で生活する子どもなど、パンデミック拡大以前から困難や危機・危険にさらされている子どもに対して最も深刻な影響を与えた可能性を指摘した（Folkhälsomyndigheten スウェーデン公衆衛生庁：2020）。

　パンデミックの収束が見通せないなかで学校がセーフティーネットとなり得る子どもの存在を重視し、学校閉鎖のデメリットが大きいという判断から、現在も子どもが可能な限り就学前学校・基礎学校等に通える措置をとり、一斉休校をできる限り回避しようとしている。各コミューン（自治体）の判断で閉鎖を行うことは可能であり、実際に現在第3波の感染拡大のなかで閉鎖を決めている地域は存在する（2021年3月30日に閉鎖を決定したカルマル郡ニュブルー市など）。

## IV．コロナ禍における障害・疾病等の 特別ニーズを有する子どもへの対応

　スウェーデンにおける特別ニーズ教育の専門行政機関である「特別ニーズ教育庁（Specialpedagogiska skolmyndigheten）」が管轄する特別学校において、現在、閉鎖等は行われていない。

　障害・疾病等の特別ニーズを有する子どもの特性や発達に合わせてウイルス対応・感染防止策等について教育支援をしていくことが不可欠であることから、特別ニーズ教育庁では多様な情報提供を行っている。例えば、子どもにどのような症状がでるのか、なぜ友達と距離を取らなければならないのか、手洗いの正しい手順、咳エチケット等について、子どもが納得して取り組めるよう

に工夫されている（石川ら：2021）。

　特別ニーズ教育庁は「予防策に関する子どもと保護者向けの情報提供」「手指衛生に関する新しいルーティン」「施設を清掃するためのより明確なガイドライン」「大規模な集会等の中止」を軸に感染拡大防止に取り組んでいるが、特別学校閉鎖に至ってはいないものの、各種の教育課程・プログラムの変更等は余儀なくされている（Specialpedagogiska skolmyndigheten特別ニーズ教育庁：2021）。

　特別ニーズ教育の現場からは公衆衛生庁の見解への批判の声も見られる。例えば、公衆衛生庁は教職員のリスクに関して校長以外の教師は他の職業よりも感染のリスクが低いとしているが、それに対してベクショー市の特別教育家のJennie Högbergは、校長よりも現場の特別教育家の方がはるかに多様な作業チームと接点があることや、そもそもなぜ「このパンデミックにおける特別教育の使命について誰も言及しないのか」ということを強く批判している（Läraren：2021）。

　特別ニーズ教育学や障害学領域の研究者らで組織されたネットワーク「KritFunk（Critical Disability Studies Network Sweden）」は、スウェーデンのコロナ禍に係る障害当事者対応について先鋭的な批判を行っている。近年の緊縮政策・予算削減により障害福祉サービスへのアクセスに困難等が生じている中でパンデミックが発生したことに伴い、障害当事者が抱える問題についてのスウェーデン政府の理解不足などが改めて露呈し、ウイルスに対する脆弱性に係る議論において障害・慢性疾患当事者を置き去りにしていること、「生存の可能性が最も高い」人々の治療に焦点を当てた集中治療ガイドラインはその最たるものとして批判がなされている（KritFunk：2020）。

## Ⅴ．コロナ禍における子どもの声・意見について

　スウェーデン学校監督庁は2020年11月の報告書において、約260の基礎学校（特別基礎学校を含む）の校長や子どもへのインタビュー結果を公表した。

　このなかで子どもたちは、クラスや学校内での「密」の回避を含む、各種の新しいルールに疑問を抱いていることが明らかとなり、概ね子どもの受け止め

方に問題はなかったとする校長の認識との大きな相違が見られた。また多くの
子どもは2020年秋学期よりも、国内で感染が急激に拡大した2020年春学期に
感染の懸念を感じていた。不安等を感じた場合に誰に相談すべきかを十分に把
握していると回答する子どもが多く、これはパンデミック以前からの困りごと
等に関する学校の相談体制がある程度機能していると言える。

　インタビューに応じた子どもの約25%は、感染症について不安を感じてい
る子どもに対して教師が丁寧にケアをしていると回答しており、約半数もある
程度ケアしていると捉えているが、残りの25%近くがあまりケアしていない、
または全くケアしていないと回答している。子ども達は不安を感じているのが
誰であるのかを丁寧に把握することや、支援における学校からの積極的なアウ
トリーチや個々のニーズに応じた対応を求めている（Skolinspektionen ス
ウェーデン学校監督庁：2020）。

　ウプサラ大学が4 ～ 18歳の子ども・若者1463人を対象にウェブ調査を実施
している（2020年4月21日～ 5月31日、回収率75%）。これによると「コロナ
のことで心配なことはありますか」という問いに対して「病気・死に対する不
安」を回答した割合が4 ～ 12歳群と13 ～ 18歳群ともに63%にのぼっていた。
共通するコードとして「自分の病気が心配」「祖父母の病気・死が心配」「他人
の病気・死が心配」が挙げられ、コロナによる感染と死亡について子どもも大
きな不安を抱えていることが示されている。

　また「コロナのことで最悪なことはなんですか」に問いに対して4 ～ 12歳
群では「病気・死」が最も多く（41%）、生成されたコードでは「人は死んで
しまう」「高齢者は病気になって死ぬ可能性がある」「学校ではコロナが怖い」
などが挙げられた。13 ～ 18歳群では「日常生活」が最も多く（48%）、コー
ドでは「学校が閉鎖された」「友達に会えない」「余暇活動が中止となった」「孤
独・孤立」などが挙げられた。

　このウェブ調査では、子ども・若者自身が描画、または撮影した絵や写真を
アップロードすることも可能であり、それらを通しても新型コロナウイルス感
染症への恐怖感等が訴えられていた（**図2、図3**）（Uppsala Universitet：
2020）。

　障害者政策の促進を目的とした行政当局であるスウェーデン参加庁（Myndigheten

**図2　6歳児のイラスト「コロナウイルス、男の子、女の子、そして人々」**

出典：Uppsala Universitet（2020）Barn och ungas röster om corona: En undersökning med barn och unga 4–18 år om coronapandemin våren 2020. https://pubcare.uu.se/digitalAssets/865/c_865168-l_3-k_final-barn-och-unga-om-corona_juli_2020.pdf

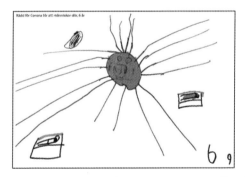

**図3　6歳児のイラスト「人が死ぬのでコロナが怖い」**

出典：Uppsala Universitet（2020）Barn och ungas röster om corona: En undersökning med barn och unga 4–18 år om coronapandemin våren 2020. https://pubcare.uu.se/digitalAssets/865/c_865168-l_3-k_final-barn-och-unga-om-corona_juli_2020.pdf

för delaktighet）は、障害を有する子ども・若者におけるパンデミックの影響について2021年3月に報告書をとりまとめているが、彼らとその家族はコロナ禍以前から脆弱性を抱えており、パンデミックによって一層その状況が悪化したことを強調している。とくに精神疾患を伴う健康格差の拡大、遠隔教育に

よって良好な応答・刺激を得ることや社会的関係性の構築が困難になっていること、もともとの家計の経済的脆弱性がパンデミックによりさらなる深刻化、不安定な家庭環境と家庭内暴力の増加等を挙げている（Myndigheten för delaktighet：2021）。

　さらに、医療機関のリソースの大部分が感染者治療に割かれたり、感染拡大防止のため医療機関・ハビリテーション機関・福祉サービスへのアクセスが停止したことも、障害を有する子ども・若者とその家族の状況を深刻化させているとし、摂食障害が悪化してしまった若者の声や、学校教育もレスパイトケアも中止となって肉体的・精神的負担が大きく増加した家族の声などを紹介している。

　なお、スウェーデン以外の北欧諸国では一律に学校教育機関の閉鎖が行われたが、家庭学習・ホームスクーリングによる影響も徐々に明らかにされている。

　Bubb. Sら（2020）によるノルウェー南西部のRogaland県Tysvær自治体を対象とした調査では、基礎学校の1～4年生320名、5～10年生745名から回答を得ており、家庭学習・ホームスクーリングが「学校よりも自由だと思う」「他の人と比較する必要がない」「自分に適した順序で学ぶことができる」というポジティブな声も聞かれる反面、最も嫌なこととして「友達や先生と一緒に学校に行く機会を失った」「両親が先生になること」「両親がいない家にいること」「一人で新しいことを学ぶのは難しい」「助けを得るのが難しい」「友達が恋しい」「家での学びの質が悪い」「教師と直接話せない」「他の仲間の生徒とチームで一緒に過ごす自由な時間がない」等の声が多く挙げられた。

　Nordahl.T（2020）によるノルウェー東部の旧Hedmark県の5年生～10年生（4106名）を対象とした調査では、子どもが落ち着きを失ったり、家庭ではうまく学ぶことができない様子が示され、子どもの79％が教師との接触が不足していると答えており、これらをふまえて「学校教育は学校で行われるからこそ最も効果的である」と結論づけている。

# Ⅵ．おわりに

　本稿では、スウェーデンにおける新型コロナウイルス感染症による子どもの発達危機と学校教育への影響について、各種の調査や子どもの声などをふまえながら検討してきた。

　高度な福祉国家とされるスウェーデンにおいてもなおパンデミックの影響は深刻であり、子どもの生活や学びが多様な困難に晒されているが、一方で、子どもの声を起点として教師・学校教育の意義・役割も改めて浮かび上がってきている。

　例えば、Bergdahl.N ら（2020）はパンデミックが子どもにもたらす社会的孤立・精神的傷つき等に対して教師の果たす重要な意義・役割が過小評価されてはならないこと、学校教育におけるルーティンが子どもの心理的安定を促進する上でも大きな機能を有していることを強調している。

　スウェーデン政府は2020年の感染拡大当初には子ども向けの会見を行い、子どもへの情報保障を試みるなど、子どもをパンデミックの当事者として認める姿勢を示していたが、前述のように学校における情報提供不足等が指摘されているほか、「障害当事者は置き去りではないか」という厳しい批判にも晒されている。

　こうした事態は日本においても同様であり、何よりこうした「緊急時」に最も影響を受ける子ども・障害当事者の実態・声をふまえて各種の行政施策や発達支援に反映させるべき蓋然性への警鐘でもある。

　現在日本では、子どもへの感染の広がりが懸念される変異株を含む（日本小児医学会：2021）、第4波が到来している。3度目の緊急事態宣言が発出されるなか、子ども・障害当事者の人権と発達保障への対応が大きく問われている。

**文献**

Bergdahl, N., & Nouri, J.（2020）Covid-19 and Crisis-Promted Distance Education in Sweden. Technology, Knowledge, and Learning. 1-17. 10.1007/s10758-020-09470-6.

Bubb, S., & Jones, M.-A.（2020）Learning from the COVID-19 home-schooling experience: Listening to pupils, parents/carers and teachers. *Improving Schools*, 23（3）, 209–

222.

EXPRESSEN（2020）Siffrorna visar: FHM har fel om smittan i skolan.

Folkhälsomyndigheten スウェーデン公衆衛生庁（2020）COVID-19 in children and adolescents（version 2）.

Föreningen Covid19, Skola & Barn（2021）Covid-19 utbrott i svenska skolor.

石川衣紀・田部絢子・内藤千尋・池田敦子・石井智也・柴田真緒・能田昴・田中裕己・高橋智（2021）スウェーデンの特別教育における専門行政機関の役割―「特別ニーズ教育庁」の訪問調査から―，『長崎大学教育学部紀要』7、pp.85-93。

KritFunk-Critical Disability Studies Network Sweden（2020）The impact of COVID-19 on disabled citizens in Sweden.

Läraren（2021）Specialpedagoger i pandemins frontlinje.

Myndigheten för delaktighet（2021）Barn och unga mitt i en pandemi: Konsekvenser av coronapandemin för barn och unga med funktionsnedsättning.

NHK（2020）コロナの向こう側で（1）"全員が障害者"で見えたもの熊谷晋一郎さん。

日本小児学会（2021）子どもと新型コロナウイルスの変異株の感染について。

Nordahl, T.（2020）Skole er best på skolen.

Skolinspektionen スウェーデン学校監督庁（2020）Utbildning under påverkan av coronapandemin i grundskolan och grundsärskolan.

Specialpedagogiska skolmyndigheten 特別ニーズ教育庁（2021）Coronavirus och covid-19.

田平修・林寛平（2021）コロナ禍におけるスウェーデンの学校教育、『比較教育学研究』62、pp.41-58。

Uppsala Universitet（2020）Barn och ungas röster om corona: En undersökning med barn och unga 4–18 år om coronapandemin våren 2020.

山野則子（2021）「コロナ禍における子どもへの影響と支援方策のための横断的研究」（令和2年度厚生労働行政推進調査事業・厚生労働科学特別研究事業）。

※インターネットリソースはすべて 2021 年 4 月 24 日に最終閲覧した。

SNE ジャーナル，27(1)，2021，169－172

**書評**

羽山裕子著

# 『アメリカの学習障害児教育
## ―学校教育における支援提供のあり方を模索する』

（京都大学学術出版会、2020年）

評者：赤木和重（神戸大学）

## はじめに

　本誌の読者の多くは、学習障害児の研究や支援にたずさわっていることと思う。だからこそ、学習障害の理解の難しさも認識されているだろう。例えば、学習障害の識別についてだ。読み書きに困難を示す目の前の子どもが、学習障害に規定されるものなのか、それとも、環境からくる低学力の問題かを区別することの難しさを感じているだろう。指導方法についても、同様のことがいえる。RTI（Response to Intervention）を含め様々な指導法・指導システムが乱立しており、これらの位置関係を理解するのは簡単ではない。

　このような現状に対して、本書は、アメリカの1960年代から2000年代における学習障害児教育の仕組みのあり方について、国内外の文献をもとに教育方法学的アプローチから、検討を行ったものである。特に、RTIを検討するだけではなく、RTIの源流ともいえる研究や実践に注目し、学習障害の識別の変遷、支援の中身や仕組みについて明らかにした点に特色がある。

## 本書の内容

　本書は2部で構成されている。第Ⅰ部は、「アメリカにおける学習障害児教育の成立と問い直し」と題され、3つの章で構成されている。第Ⅱ部は「Response to Interventionの導入と変容」と題され、4つの章で構成されている。いずれも「学習障害の識別」「指導方法」および「支援提供の枠組み」の視点から検討されている。以下、本書の内容を概説する。

　第Ⅰ部では、1960年代から2000年代初頭までの学習障害児教育のありかた

が検討された。学習障害が初めて法的に認められたのは、1969年の特異的な学習障害児法である。当時、学習障害は、脳の器質的な問題として想定され、低学力児童との識別が可能と考えられていた。その基盤となった考えが、学力と知能の乖離という視点に注目するディスクレパンシー・モデルであった。フロスティッグ視知覚発達検査やITPAといった心理検査が開発され、学習障害の「本体」に迫ろうとしていた。また、心理検査の結果に基づき、視知覚の訓練を行ったり、口頭での言語指導などが行われた。しかし、文字の読み書きを直接、扱えているわけではないという問題があった。そこで、1970 ～ 80年代においては、学習障害児の読み書き能力を向上させるための指導方法が行われはじめた。行動主義に基づいた文字の読み書きの直接指導や、認知方略に注目した指導などである。しかし、これらの指導は、必ずしも学習障害の特性に応じた指導とはいいきれず、低学力児童全般に対する指導との質的差異は曖昧なままであった。

　このような流れのなかで、「コペルニクス的転回」（この用語は評者が用いた）が起きた。心理アセスメントを行い、学習障害を同定したうえで、その特性に応じた指導を行うという従来の方向性を「放棄」するのである。代わりに、支援開始時点では学習障害かどうかを問わず、実際に読み書きに困難を抱えている子どもを対象に、支援を行う方向性を採用した。このような方向性の嚆矢であり、かつ、RTIの源流の1つとみなされるのが、ミネソタ大学における「CBM（カリキュラムに基づく測定）」であり、アイオワ州ハートランド地域教育局による校内問題解決アプローチであった。

　第Ⅱ部では、2000年代初頭からの学習障害児教育について、特に、RTIの導入と変容について検討されている。2001年のLDサミットにおいて、複数段階の介入指導とその効果測定を経て、学習障害の識別や処遇の決定を行うという提案がなされた。これが、RTIである。RTIの源流として、著者は2つあげている。具体的には、三層の介入指導からなる支援提供枠組みは、ハートランド地域教育局の校内問題解決アプローチがもとになっており、層の移動の判断については、子どもの能力の伸びを測定して判断するミネソタ大学の成果が受け継がれている点である。一方、1960年代から継続している学習障害観である「個人に内在する器質的疾患」としての見方は保持されることになった。ただ

し、中等教育の場でのRTIの検討などを通して、著者は、RTIは、読み書きに困難を抱える子どもに対する支援の枠組みとして有用であるが、学習障害の識別については、必ずしも十分ではないと指摘している。

### 本書の意義

本書の意義を2つ指摘したい。1つは、1960年代から2000年代初めまでの学習障害教育の流れを明確に実証した点である。本書は、歴史的な教育実践を実証的に検討して、流れを明らかにしている。そのため、RTIなどアメリカの学習障害児教育を俯瞰的にとらえることができることが可能になる。このようなメタ的に研究をとらえる視点は、流行（その多くは舶来物）のトピックを無批判に、かつ、つまみ食い的に、「是」として受けとめがちな日本の特別支援教育の研究・実践においてとりわけ重視されるべき点である。

2つは、博士論文をもとにした専門的な内容であるにもかかわらず、読みやすさが担保されている点である。評者自身の専門は、学習障害や教育方法学ではない。しかし、それでも、それほど苦も無く読み進めることができた。本書が高度な実証性・論理性を有しているからこそだろう。例えば、教育方法学という方法論を採用した理由、対象を設定した理由が丁寧に書かれていた。加えて、自らの方法論や対象の限界についても自覚的であり、かつ、その限界についても明快に記述されていた。学習障害について学べることはもちろんのこと、これから博士論文を執筆しようとする院生にとっても、自らの研究対象や方法との異同関係なく、1つのモデルとなる文献だといえる。

### 本書への疑問

本書に対する疑問を2点述べる。1つは、本書の目的に関してである。本書の目的が、2000年代以降のRTIの特徴を明らかにしたかったのか、それとも、2000年代に至るそれまでの動向について明らかにしたかったのかが、評者にはつかみにくかった。例えば、「本書では、学校現場において学習障害児に適切な支援を提供するため仕組みの在り方について、アメリカでの2000年代以降の新たな動向に注目して検討を行ってきた」（p.258）と述べられている。しかし、本書の分量を見ると、2000年代以前の学習障害児教育に多くが割かれ

ている。著者としては、「2000年代以降の新たな動向に注目するには、その源流を検討することが必要であり矛盾しない」ということなのかもしれない。ただ、もしそうであれば、このあたりの位置関係について、よりオリジナリティを明確にするためにも、もう少し丁寧な説明が必要だと思われる。

　2つ目は、疑問というよりも著者が知りたい点に近い。それは、RTIの源流の1つであるミネソタ大学において、「コペルニクス的転回」がどのように起きたかである。この大きな方向転換は、RTIの本質を理解することはもちろん、障害観や指導観にもかかわる重要な転換点である。この点について、もちろん著者も検討しており、これまでの実践では、多様な子どもに対して適切な支援を提供できないというミネソタ大学の研究者たちの問題意識があったと書かれている。確かに、そうだとは思う。ただし、それだけなのだろうか。また、どのような背景や経緯で、ミネソタ大学の研究者たちはこの方針を構想しえたのだろうか。他の研究者の関心との相違はあったのだろうか。このような点を明らかにすることは、日本の特別なニーズ教育の方向性にも重要な示唆を与えることが予想され、ぜひ知りたく思う。

　繰り返しになるが、本書は、アメリカにおける学習障害児教育の流れを地に足着けた理解を可能にする一冊である。多くの方におすすめしたい。

SNE ジャーナル, 27(1), 2021, 173 - 177

**図書紹介**

関内偉一郎著

# 『アメリカ合衆国における才能教育の現代的変容
## —ギフテッドをめぐるパラダイムシフトの行方—』

（三恵社、2019年）

紹介者：千賀 愛（北海道教育大学札幌校）

　日本の学校教育において優れた才能を持つ子どもへの特別な対応は、大学早期入学制度や中高一貫校による教育が知られている。文科省が主導する特別支援教育政策は障害に関連する教育的ニーズへの対応を中心に展開され、才能教育は直接の対象になっていない。発達障害と優れた能力を併せ持つ場合には、通級による指導を保護者が希望した場合、障害に起因するニーズに対して特別な指導の機会を得ることになるが、その内容は才能教育とは異なるものである。さらに日本は小学校入学前後に簡易版の知能検査を実施しているが、発達の遅れが懸念される場合を除けば、保護者には数値も含めた結果は伝えられていない。このため本書の筆者が指摘するように、能力が高いがゆえに特別な対応が遅れ、心理的不適応や学習意欲を喪失し不登校となっているケースも少なくないのが現状である。

　さて本書を通じた研究の目的は、アメリカの「才能教育（gifted and talented education）」の特質を、才能概念の変化と教育内容の質的転換を伴う拡大・多様化の動きに着目して分析することで、ごく少数の知的才能児に対する特別教育としての役割のみならず、すべての子ども達の多様な能力の伸長も同時に図ろうとするアメリカの才能教育の今日的意義を考察する」ことであった（p.1）。筆者は次の4つの分析の視点を研究課題として設定し、各章で分析・検討を行った。序章で示された研究課題は次の通りである（pp.5-6）。

　①才能教育の現代的変容が起こった背景は何か（第1章）
　②才能教育の変容に伴い、「早収」や「拡充」はどのように変化したのか（第
　　2章・第3章）

③才能教育の変容はその他の教育領域にどのような影響を及ぼしたのか（第
4章・第5章）

④才能教育の拡大・多様化を進める新しい実践的枠組みとはどのようなもの
か（第6章）

本書の各章では、関連する研究動向が丁寧に検討され、連邦政府や才能教育
に取り組む州の報告書やカリキュラム、専門機関の報告書や支援団体が実施し
たアンケート調査の結果など、アメリカの才能教育に関する長期的で広範囲に
及ぶ資料の分析が行われている。

第1章「才能教育の歴史と拡大・多様化の背景」では、20世紀初頭に開発さ
れた知能検査によって固定的能力観が形成され（p.38）、「20世紀の前半は、知
能検査の結果を基に才能児の認定方法の開発が進められ、新たな教育領域とし
ての才能教育の在り方が模索された」（p.29）。1950 ～ 60年代にかけては才能
の定義の再検討が行われる一方で「国力増強の観点から才能教育の必要性が論
じられ、政府主導による才能教育が積極的に実施された」（p.29）。1969年に改
正された初等中等教育法では才能児に関する条項が加わり、州政府が連邦政府
の資金援助を受けることを可能にした。「1980年代前半から1990年代前半にか
けては、アメリカが深刻な経済不況に見舞われ」、「多くの才能教育プログラム
が廃止・縮小を余儀なくされた」（p.34）。才能教育はごく少数の才能児に限定
された特別プログラムから、より多くの子ども達にも開放された「才能開発
（talent development）」プログラムへと方向転換を果たすことが課題となった
（ibid.）。「1990年代に入ると、多くの子ども達の才能伸長を目指した才能教育
プログラムは学校教育の現場で広く受け入れられ、インクルーシブ教育の理念
を背景に、通常教育や障害児教育との近接・融合化」が進んだ（p.35）。

第2章「早修制度の拡大と変容」では、「才能教育の重要な実践類型の一つ
である早修制度を取り上げ、特に高大接続段階での展開を、スタンダードとア
カウンタビリティを柱として」教育改革との関連性に着目して検討が行われ
た。アカデミックな早修には20種類ほどあるが、学校内部で行われる代表的
な早修措置は、飛び級、クラス内での先取り学習、科目別早修、カリキュラム
短縮、テレスコープ（期間短縮）カリキュラム、試験による単位取得である
（pp.88-91）。飛び級や飛び入学はごく一部の優れた学習能力を持つ子どもが対

象であるが、高等教育への早期の接続形態は「跳躍型」「融合型」「重層型」「部分跳躍型」の大きく四つに分類化された（p.111）。部分的な早修制度は、キャリア・職業技術教育との接続や連携にも二重在籍制度を中心に大きな役割を果たしていた（p.113）。

　第3章「拡充教育の一般化」では、早修と並ぶ才能教育の主要なカリキュラム類型である拡充教育に焦点が当てられた。従来の早修教育では知的能力を評価された才能児が1－3%であったが、拡充教育では芸術・音楽や舞台芸術の分野にまで対象を拡張し、才能児の認定率は10%程度まで向上した（p.128）。拡充教育は原則として飛び級や飛び入学などの歴年齢を大幅に超えた早修措置を伴わず、総合的な学習の一環として様々なプロジェクト活動も多く展開される（pp.129-130）。社会的に不利なマイノリティの子ども達には、才能教育プログラムへの参加をしやすくする取り組み、経済的な補助を含む優遇措置、教師によるバイアスの排除も可能にした"U-STARS ～ PLUS"が検討された。この支援モデルはノースカロライナ州、オハイオ州、ルイジアナ州が先進的に取り組んでいるという（p.148）。

　第4章「障害児教育との近接・融合化」では、アメリカの障害児教育制度の基本的枠組みが示され、発達障害と優れた才能を併せ持つ2E（twice-exceptional）教育に取り組むバージニア州、アイダホ州、オハイオ州における2E定義の比較や教育的ニーズの特徴が検討された。2Eの場合、「才能と障害が互いに打ち消し合うことで」才能児や障害児として認識されない潜在的ニーズがあり（p.167）、2E児特有の心理的問題の解決・ケアも2E教育の重要な課題となっている（p.170）。かつて対峙していた才能教育と障害児教育は互いに連携・協働しながら一人ひとりの教育的ニーズに対応していく形に変わりつつあることが示された（p.187）。

　第5章「通常教育との近接・融合化」では、才能教育における一般教員の役割に注目し、1980年代以降の通常教育との接点・融合化の動きが、一般の教員にどのような影響を与えているのかが示された。筆者はコロンビア大学で教員養成に関ったハリングワース氏の才能教育論を検討し、才能教育を担う教師には才能児の好奇心の強さに対応できる高い知性と才能児特有の悩みや欲求に対処できる精神的な成熟さを有していることが重要であるとした。また第2節

では地方学区における才能教育サービスの事例としてオハイオ州の州都コロン
バスが検討された。第3節では、バージニア大学で個別化教授法の研究を専門
とするトムリンソン氏が提起した「個に応じた指導」は柔軟なグループ分けや
チームティーチング、子どもの学習のスタイルや興味関心などに合わせて教師
が複数の道を用意しようとする点に特徴がある。通常学級で「個に応じた指
導」が広がることにより、才能教育と通常教育との近接・融合化が進み、イン
クルーシブな才能教育へと変化したことが明らかになった。

　第6章「RTIモデルによる学習支援システムの拡大」では、才能教育で最も
重要な実践的枠組みとされる「教育的介入に対する反応（Response to
Intervention：RTI）の導入に伴う才能教育と通常教育との統合化の動きにつ
いて検討された。RTIは学習障害児支援システムとして導入されたが、2000年
代の後半以降には才能児を対象としたギフテッド対応型RTIモデルが開発さ
れ、RTIを新たなフレームワークとする包括的な学習支援システムが構築され
つつあるとされる（p.228）。第6章を通して、すべての児童生徒を第一層（80－
90％）・第二層（5－10%）、第三層（1－8%）のフレームに分けて対応するモ
ンタナ州ギフテッド対応RTIモデル、各層の流動性を重視するコロラド州の多
層指導モデル、幼稚園から高校生を幅広く対象とするユタ州の四層構造RTIモ
デルの例などの具体的検討が行われた。これらのRTIモデルでは「第一層の通
常教育において、才能児を含むすべての子ども達を対象に、コア・カリキュラ
ムを基礎とする拡充教育が行われる。そうした拡充教育で著しい伸びを見せた
子ども達が更にその才能を適切に伸ばすために第二層へと進む」（pp.256-257）。
通常教育の教師は複数の専門家と連携することや才能児への適切な対応が求め
られるため、教師の専門性をどう担保するかは才能教育プログラムの実効化に
向けての課題として指摘されている（ibid.）。

　以上のように本書は、アメリカ合衆国の才能教育に関する歴史・制度・学習
支援モデルを総合的にまとめた意欲的な研究書であり、日本の才能教育に問題
意識をもつ教育者、アメリカの特別教育やインクルーシブ教育の動向に関心を
寄せる研究者や大学院生に推薦したい一冊である。なお本書では筆者が先行研
究や文献調査等をふまえて様々な才能教育の概念図や支援モデルの特徴を図解
しており、各州の取り組みや歴史的に変容した才能教育の理解に大きな役割を

果たしている。本書の豊富な図解がなければ日本の読者が組織化・体系化され
た才能教育の展開を具体的にイメージすることは困難であろう。また本書が示
した一人ひとりの特性やニーズ、学習進度に対して柔軟に対応する通常教育の
在り方は、インクルーシブ教育が目指す方向性と重なり、障害児教育と才能教
育が課題意識を共有しうることも興味深い点である。

178　　　　　　　　SNEジャーナル, 27(1), 2021, 178 - 181

**図書紹介**

柏木智子・武井哲郎編著

# 『貧困・外国人世帯の子どもへの包括的支援
　　—地域・学校・行政の挑戦—』

（晃洋書房、2020年）

紹介者：伊藤 駿（広島文化学園大学）

　本書は、「この世に生まれてきたすべての子どもが、生まれてきてよかった、生きるのが楽しい、とても幸せだ、と感じられる社会づくりについて描」（p.ⅰ）くために編まれた。そのために、「複合的困難を抱える子どもに対する学校、地域社会、行政による多様な支援を包括的支援と称し、そのあり方を明らかにすること」（p.25）を目的と定め、編著者である柏木智子氏、武井哲郎氏を中心に6名の著者によって執筆されている。本紹介では、書評と同様にまず同書の内容を章ごとに簡潔にまとめていき、その後特別ニーズ教育研究にとっていかに本書が魅力的なものであり、また学ぶべきところはどこか、ということを私なりに述べていきたい。

　2部構成となっている本書であるが、第Ⅰ部においては、理論編として困難を抱えている子どもたちの実態や社会的排除の構造（第1章）、そうした困難を抱えている子どもたちの包括的支援を行うための視座（第2章）が論じられている。続く第Ⅱ部では、実践事例編として、小学校（第3章）、教育行政（第4章）、地域における取り組み（第5章）について実践者が報告している。また、第6章では、第5章に引き続き地域における取り組みに注目し、特に行政による支援の側面を分析している。そして終章において、各実践報告をもとに包括的支援の実現に向けた示唆が述べられる。それでは各章の詳細を見ていこう。

　まず第1章においては、様々な社会背景を有する子どもたち（本書では、貧困、外国にルーツをもつこと、性的マイノリティ、障害に焦点を当てている）がいかなる困難を抱えているのかを概観し、特に学校という場所の特性を踏ま

えた上で、その困難を理解することを試みている。そして、本章における重要な主張として、学校だけでなく社会全体での包摂の仕組みを検討していくことの必要性が示される。

　続く第2章では、本書の目的を達成するために必要とされる視点として、本書では、子どもの幸福を実質的に保障するために行われる支援の中でも「ケア」を含む支援を行っている事例に注目することが述べられる。さらに、住民や市民によるケアの実践だけでなく、公的セクターや専門家によるケアへも目を向け、この二層のかかわりやつながりの中で行われる支援を、「包括的支援」として認識し、論を進めていくことが示される。

　そして第Ⅱ部で具体的な事例が述べられる。第3章においては小学校におけるケアの実践が紹介される。取り上げられる小学校では、子どもたちの「教育を受ける権利」を保障するために、子どもの登校保障を最重要課題として認識している。そのために、連絡なく登校していない子どもたちに対する支援や登校したのちに、楽しく授業を受けられるための学力保障に注力している様子が描かれる。そのうえで行政による支援にも言及し、子どもたちへの包括的支援のための学校の役割を四点に絞って述べている。第一に困難の早期発見、早期対応、第二に保護者と学校が子どもの成長を中心につながること、第三に子どもの姿を総合的に把握すること、第四に子どもが安心できる学校づくりである。

　第4章においては、特に外国にルーツをもつ子どもたちへの支援、特に多機関の連携に基づいた実践について述べられる。まず、執筆者の経験も含めた観点から、外国にルーツをもつ子どもたちを取り巻く状況や抱える困難が具体的に述べられ、国と地方自治体（本書では大阪市）による支援施策の内容とその課題が示される。さらに、こうした子どもたちの困難や支援施策の課題に対して、現行の施策や体制を活かしながら、学校、行政、地域が連携・協働して取り組んでいる活動事例が紹介されている。そして最後に、学校が子ども支援のプラットフォームとしての役割を担うために、学校・教職員の役割、柔軟な教育行政、そしてさらなる期待という観点から提言が述べられている。

　第5章では、学校教育から排除されるリスクの高い子どもたちに対する地域での支援について述べられる。具体的には滋賀県で展開されている「フリース

ペース」の取り組みを事例に考察が加えられていく。はじめに事業の紹介がなされ、その後著者の経験をもとにした事例からフリースペースでの具体的な生活の様相が明らかにされる。そのうえで、子どものケアにつながる実践を学校の外、すなわち地域に構築することの意義が述べられている。またこうした実践において重要になるアクターとしてソーシャル・ワークの専門家があげられ、その役割についての考察がなされる。

　続く第6章では、第5章に引き続きフリースペースの事例をもとに、官民連携にもとづく「地域におけるケアの実践」に対する支援について考察がなされている。具体的にはフリースペースの取り組みを持続可能なものとするために、滋賀県内の自治体（彦根市と高島市）がどのような動きをしているのかを事例をもとに明らかにしている。フリースペースの実践は"民"（民間）が担ったからこそ実現されたという側面がある一方で、"官"による財政的な支援（助成）を実施せずには安定的な運営を行うことはできない。そのため、本章の最後において、官民がそれぞれの強みを活かしあうネットワークを創出するために重要となることとして、「窓口となる職員・機関同士の連携を深める工夫」「窓口となる職員・機関を起点としたネットワークの拡張」が指摘されている。

　終章では実践編で得られた知見をもとに包括的支援の実現に向けた示唆が検討される。2章で指摘された「制度と現実のずれ」について各事例から共通して得られる示唆が述べられている。さらに、学校と地域の連携の意義と留意点について指摘がなされる。そして最後に複合的困難を抱える子どもに対する包括的支援を実現するための要点が明らかにされ、本書のまとめとなっている。

　まずもって本書の魅力をあげれば、研究者と実践者両者の視点を含みこみ、実践から立ち上がってくる示唆を編著者が精緻にまとめ上げている点がある。いうなれば、ボトムアップ型で支援施策のあり方に示唆を得ているとともに、多様な立場の人間が相互補完的に子どもたちの支援を行う包括的支援を実現していくための具体的な道筋を示してくれている。

　もちろんすでに多くの研究で指摘されていることではあるが、教育の現場において困難を抱えている子どもたちを十把一絡げに捉えることはできない。また、仮に特別なニーズの「カテゴリ」が同一であっても同一の支援を求めているとは限らない。むしろ、そうしたカテゴリは現場においては後景化し、その

場その場で生起する子どもたちの困難に寄り添い、支援の実践が行われている。そうした意味で、本書の取り上げている事例とそこから導かれる知見は確かに限られたものであるかもしれない。しかし、同時に本書はそれら一つ一つの事例を丁寧に読み解くことの重要性を示している。

　特に2020年のはじめから猛威を奮っている（願わくは本紹介が出るときには「奮っていた」と過去形で振り返っていたいが）新型コロナウィルスの流行下においては困難を抱えた子どもたちの支援のあり方そのものを問い直さざるを得なくなっている。本書の帯にも記された「すべての子どもが『生まれてきてよかった』と感じられる社会づくりへの挑戦」は、このコロナ禍を通じて推進の必要性がこれまで以上に高まっている。

　他方で、現場においては、コロナ禍という非常事態において、多くのそして新たな課題に直面していることも想像に難くない。本書が示す「包括的支援」という概念、そしてその支援施策をボトムアップ型で構想するという視座は、すべての子どもたちの幸福を実現するための手がかりを与えてくれる。かくいう私もこれまで国内外の学校教育を対象に調査を行い、インクルーシブな教育を実現するための示唆を検討してきた。そしてその調査対象が小学校（初等学校）であるがために、学校教育のみにその示唆を収斂させてきた。しかし、それは、学校教育だけに子どもたちの幸福実現の責任を負わせようとする言説に加担してしまっている可能性に本書を通じて改めて気付かされた。一人ひとりの子どもたちの幸せを願うのは何も学校だけではない。むしろ国内外を問わず、様々なアクターが連携し、その実現に向けて様々な取り組みをしているはずである。こうしたことを指摘してくれる本書は、特別ニーズ教育を志す私たちの取り組むべき研究・実践の方向性を照らし出してくれるものであり、必読の書であることは間違いない。

SNE ジャーナル, 27(1), 2021, 182 - 185

182

## 図書紹介

石田祥代・是永かな子・眞城知己編著

# 『インクルーシブな学校をつくる
　　―北欧の研究と実践に学びながら―』

（ミネルヴァ書房、2021年）

紹介者：石川 衣紀（長崎大学）

　本書のねらいは、その「まえがき」の冒頭に示されているように「北欧各国の研究者に分担執筆していただきながらインクルージョンに向かうプロセス（傍点：紹介者）の学校について論じ」ることとされている（p.i）。すなわち本書の中で繰り返し記されているように、教育におけるインクルージョンの本質が「子どもの教育的ニーズを包含する範囲を拡大するプロセス」であり、インクルージョンが"結果"ではなく「方向性を維持しながら変容する状態」であることを改めて明確にし（p.209）、その視点から日本のインクルーシブ教育の現状と課題について考察されていることが特徴である。

　上記の特徴を柱にして、①インクルージョンの歴史的展開や子どもの教育的ニーズとの関係性の概説、②北欧4カ国（フィンランド・スウェーデン・デンマーク・ノルウェー）の研究者による現地の多様な教育課題に対する実践の紹介、③日本の学校教育改善のためのアプローチの提言、の3つのパートから構成され、それぞれが各部に相当する。

　次に本書の内容構成を見ていく。第Ⅰ部「インクルージョンと学校」は3章から構成される。第1章「インクルージョンの萌芽と歴史的展開」では、インクルージョンの概念についてサラマンカ声明に注目して確認したのち、対象の拡大など日本における議論の課題について示される。第2章「教育におけるインクルージョンの概念」では、「教育におけるインクルージョンの概念は世界共通の定義をすることができない」という課題設定をもとに（p.19）、概念が「誤解」されやすい背景の分析と、本書の鍵である「プロセス」としてインクルージョン概念を捉えていく方向性について提起される。第3章「学校におけ

る子どもの多様なニーズ」では、「ニーズ（教育的ニーズ）」という言葉の日本における使用のされ方について分析し、ニーズという言葉が障害のある子どもまたはその疑いのある子どもに限定した使用のされかたから、「一人ひとり個々の教育的ニーズ」（p.46）という捉え方に変化してきたと指摘する。

　第Ⅱ部「北欧の学校が抱える様々な課題とインクルージョン実践」は6章から構成され、北欧4カ国のインクルーシブ教育の具体について現地研究者の提言を交えて展開される。その前段としてまず第4章「北欧の社会と教育・学校」で北欧の気候・経済・移民政策の側面から見た学校教育の課題について概観し、第5章「北欧の教育制度」で各国の教育制度の基本情報について整理される。第6章「子どもの「参加」をうながす動機づけの取り組み」ではフィンランドの実践をもとに、様々な場・場面での子どもの参加を支えるものとして帰属意識の高まりと「エンゲージメント」（「やるべきことに対する取り組みのような意味」として紹介されている）（p.85）について示唆された。第7章「すべての子どもに居場所のある学校をつくる」ではスウェーデンが紹介されるが、スウェーデンにおいても市場による問題解決の増加や、学校における新自由主義の原理の顕在化という課題に直面していることが現地研究者から提起されており、この点が非常に示唆的である。第8章「いじめをなくすための学校づくり」ではデンマークが紹介され、ここでも現地研究者から「インクルーシブ教育を推進するための各種リソースと知識がいまだ欠乏している」（p.112）等の同国の課題が指摘されたうえで、学習環境における「集団文化」を問い直す視点が提起される。第9章「子どもの指導のための教員と他の専門職との協働」では、「他と協力する」ことが教員養成の基礎的価値として組みこまれているノルウェーをもとに、生徒支援のケーススタディが紹介される。

　第Ⅲ部「学校現場でインクルージョンをどのように実現するか」では舞台を日本に戻し、タイトルの通りインクルージョンに向けた具体的なアプローチの考え方について6つの章から示されていく。第10章「「子どもの課題」とその捉え方」では、日本の特別支援教育にインクルージョン概念を取り入れることと、子どもの課題に対する専門的支援と子どもの多様性に対応できる範囲の拡大（＝インクルージョン）は、二者択一ではなく両者のバランスをとることが肝要である点が改めて強調される。第11章「子どもの学校生活に影響を及ぼ

す家庭の問題と学校のかかわり」では、保護者や児童養護施設職員・里親が抱えている悩み・問題を踏まえながら、学校が保護者・家庭への早期介入を積極的に行うこともインクルーシブな学校づくりの観点から提起された。続く第12章「インクルーシブな学校の指導体制と指導方法の工夫」、第13章「校内における連携」、第14章「関係諸機関との連携」の3つの章では、より具体的な支援体制のあり方について、北欧での様々な取り組みと結びながら、国内における特徴的な取組事例について考察されている。最終章である第15章「子どもの教育と支援に携わるスペシャリストとして」では、インクルーシブな学校づくりが教育的ニーズを包含できる範囲を拡大する「プロセス」や変化そのものであることが改めて提起され、その核として「子どもたちが自分自身で多様性を包含しながら秩序を保つバランスの取り方を生み出すよう考えて行動する機会」(p.218) の設定が不可欠であると強調される。

　このようにして本書は、「インクルーシブな学校」のつくり方にはひとつの「正答」があるのではなく国によってその具体化の道筋は異なり、それゆえに国際比較研究が不可欠であることを示した。そしてその対称軸として北欧4カ国を設定し、各国の実践の単なる模倣などではなく日本の改善策を検討していくためのよき相手としての位置づけが強く意識されている点が重要である。

　さて以上を踏まえながら、本書にさらに求めたいこととして最後にいくつか述べたい。1点目は、その北欧に関わるパート（第Ⅱ部）と前後の第Ⅰ部・第Ⅲ部との関連性が、さらに明確であってほしいということである。特に各国の実際の紹介にあたる第6章〜9章は、実際には以前開催された国際シンポジウムでの北欧現地研究者の発表内容がもとになっており、やや断片的な印象も受ける。それぞれの実践の背景にある社会的な課題等について、後学のためにももっと分量を割いて丁寧な記述がなされてほしかったと思う。

　そのこととも関連して2点目は、インクルーシブな学校づくりを北欧から学ぶにあたって、学校という視点からの検討だけで今後十分かという点である。本書でも少し触れられている移民・難民政策の課題をはじめ、福祉・医療・ハビリテーション・虐待・非行・若者支援等の複合的な場にもとづく、「子ども・若者の発達支援」というより大きな枠組みに位置づけて議論を重ねていくことも重要ではないだろうか。本書第Ⅱ部ではそうした視点も少し見られている

が、基本的には「学校教育」でどのようにその課題の解決を図っていくかという示唆に終始しているようにも思える。本書の方向性が学校教育の改善におかれている重要性はもちろん承知した上で、北欧福祉国家が有している学校教育以外の多種多様なリソースが子どものインクルージョンにどのように影響しているのかという視点からも、議論の深まりを期待したい。

　最後に3点目として、これは本書の役割を超えてしまうかもしれないが、執筆・刊行時期的に新型コロナウイルス感染症と北欧の学校教育の課題について少しでも触れられてほしかったという点である。北欧福祉国家であってもこのコロナ禍によって子どもの安心・安全や学びの権利が侵害され、学校教育の役割と重要性が各国で改めて問い直されている。ゆえに「インクルーシブな学校」も、もうコロナ禍や「ニューノーマル」を抜きにして構想することはできないのではないだろうか。これこそ世界各国で共通した課題であるがゆえに、国際比較研究の意義は大きいと考える。

　以上、やや指摘の多い紹介となったが、もちろんそれは本書の果たす役割を否定するものではない。北欧福祉国家を対称軸として日本のインクルーシブ教育の課題を明確にしていく入口に立つための示唆に富む一冊であり、紹介者もさらに学んでこの議論の蓄積に貢献していきたいと思う。

# 2021年度日本特別ニーズ教育学会奨励賞および文献賞の授賞

2021年9月10日
日本特別ニーズ教育学会代表理事
加瀬　進

　2021年度日本特別ニーズ教育学会奨励賞につきまして、日本特別ニーズ教育学会奨励賞規程に基づき、『SNEジャーナル』第26巻1号に掲載された2編の「原著」論文を対象に選考を行いました。対象となった筆頭著者2名ともにすでに前年までに学会奨励賞を授賞しておりますので、今年度は「該当者なし」となりました。

　続いて、2021年度日本特別ニーズ教育学会文献賞ですが、日本特別ニーズ教育学会文献賞規程第2条に基いて、研究委員会により「2021年度日本特別ニーズ教育学会文献賞授賞候補者リスト」（①『SNEジャーナル』で「書評」として掲載された本学会会員の学術研究図書、②単著・共著の別は問わないが（編集・監修は除く）著者全員が本学会会員、③初回の選考に限り、本規程制定時より5年間遡って（2016年～2020年）審査対象とする）が作成されました。

　理事会（2021年9月8日）においては本文献賞授賞候補者リストにもとづき、2021年度日本特別ニーズ教育学会文献賞授賞者の審議が行われ、理事会は全員一致で、以下の11名の学会員の方々に2021年度日本特別ニーズ教育学会文献賞を授与することに決定いたしましたのでご報告いたします。

　「2021年度日本特別ニーズ教育学会文献賞者」：猪狩恵美子氏、眞城知己氏、武井哲郎氏、阪本美江氏、新井英靖氏、窪島務氏、田部絢子氏、髙橋智氏、水野和代氏、柴田真緒氏、堤英俊氏。

　文献賞の授賞式は、2021年10月24日（日）の学会総会時（11：20～12：30）にオンラインにて実施いたします。なお、日本特別ニーズ教育学会文献賞規程については、文末に掲載しましたのでご参照ください。

# 2021年度日本特別ニーズ教育学会文献賞授賞者

（2021年9月8日理事会決定）

| SNEジャーナル書評掲載号 | 評者 | 書評掲載の文献・著者名 | 文献賞授賞者（敬称略） |
|---|---|---|---|
| 第22巻1号、2016年10月 | 丹羽登 | 猪狩恵美子著『通常学級在籍の病気の子どもと特別な教育的配慮の研究』風間書房、2016年 | 猪狩恵美子 |
| 第23巻1号、2017年10月 | 新井英靖 | 眞城知己著『イギリスにおける特別な教育的ニーズに関する教育制度の特質』風間書房、2017年 | 眞城知己 |
| | 村山拓 | 武井哲郎著『「開かれた学校」の功罪：ボランティアの参入と子どもの排除／包摂』明石書店、2017年 | 武井哲郎 |
| | 石川衣紀 | 阪本美江著『「劣等児」特別学級の思想と実践』大空社出版、2016年 | 阪本美江 |
| | 丸山啓史 | 新井英靖著『アクション・リサーチでつくるインクルーシブ授業―「楽しく・みんなで・学ぶ」ために』ミネルヴァ書房、2016年 | 新井英靖 |
| 第24巻1号、2018年10月 | | 書評なし | なし |
| 第25巻1号、2019年10月 | 堤英俊 | 窪島務著『発達障害の教育学―「安心と自尊心」にもとづく学習障害理解と教育指導』文理閣、2019年 | 窪島務 |
| | 別府悦子 | 田部絢子・髙橋智著『発達障害等の子どもの食の困難と発達支援』風間書房、2019年 | 田部絢子髙橋智 |
| | 伊藤駿 | 水野和代著『イギリスにおけるインクルーシブ教育政策の歴史的展開』風間書房、2019年 | 水野和代 |
| 第26巻1号、2020年10月 | 池田吉史 | 柴田真緒・髙橋智著『発達障害当事者の睡眠困難と発達支援の研究』風間書房、2020年 | 柴田真緒 |
| | 髙橋智 | 堤英俊著『知的障害教育の場とグレーゾーンの子どもたち―インクルーシブ社会への教育学―』東京大学出版会、2019年 | 堤英俊 |

2021年度日本特別ニーズ教育学会文献賞授賞式
○日時：2021年10月24日（日）学会総会時（11：20 ～ 12：30）
○会場：オンラインにて実施

# 日本特別ニーズ教育学会文献賞規程

**第1条（目的）**

　日本特別ニーズ教育学会文献賞（以下、文献賞）は、日本特別ニーズ教育学会（以下、本学会）の「特別ニーズ教育に関する理論的・実践的研究を通して、学習と発達への権利に関する教育科学の確立を期する」という目的に資するため、本学会会員が公刊した学術研究図書の顕彰を通して、特別ニーズ教育に係わる高度な専門研究の深化・発展をめざすものである。

**第2条（対象）**

　文献賞の対象は、前年の機関誌『SNE ジャーナル』において「書評」として掲載された本学会会員の学術研究図書とする。学術研究図書は出版社により刊行されISBN（国際標準図書番号）が付されたものであり、単著・共著の別は問わないが（編集・監修は除く）、著者全員が本学会会員であることが要件となる。

　2　過去において文献賞を授賞した本学会会員の学術研究図書についてはこれを除くものとする。

　3　初回の選考に限り、本規程制定時より5年間遡って審査対象とする。

**第3条（審査・選考）**

　文献賞の審査は、本学会理事会に設けられた審査委員会がこれに当たる。審査委員会の構成等については別にこれを定める。

　2　審査委員会の審査に基づき、理事会の審議により文献賞授賞者を決定する。

**第4条（表彰・公表）**

　文献賞授賞者の表彰は毎年本学会総会において行い、授賞者に賞状を授与するとともに、本学会ウエブサイト、機関誌『SNE ジャーナル』、会報等にて公表する。

**第5条（管理運営・事務）**

　文献賞に係る管理運営および事務の執行は、本学会理事会の研究委員会および事務局がこれに当たる。

**付則**

　1　この規程は2021年6月13日より施行する。第1回の文献賞授賞は2021年10月24日の本学会総会時に行う。

# 次号『SNEジャーナル』第28巻（2022年秋発刊予定）への原稿募集

『SNEジャーナル』への投稿を歓迎します。

投稿資格、投稿原稿の種類、投稿要領などは**「投稿規定」「執筆規定」**をよくご覧下さい。投稿区分による原稿枚数や図表の扱いなど、規定を逸脱している原稿が毎回何本か見られます。ご注意下さい。

なお、原著論文は、本学会の研究大会もしくは研究集会等で何らかの報告をしていることが望まれます。また、通常の学校・学級、特別支援学校その他の教育機関や相談機関における、特別な教育的ニーズをもつ子ども・青年・成人にかかわる教育実践の研究・報告なども歓迎します。

投稿原稿は複数の編集委員・編集協力委員が査読し、査読結果に基づいて編集委員会が採否を決定します。

投稿期日につきましては、2022年4月下旬を予定しておりますが、詳細は今後の理事会で決定いたします。会員の皆様には、ホームページや事務局便り等にて、年度内に詳細をお知らせいたします。

日本特別ニーズ教育学会
機関誌『SNEジャーナル』編集委員会

◆編集委員会 E-mail：hensyu@sne-japan.net
◆投稿原稿等送付先（郵送分）：金沢大学人間社会研究域　田部絢子研究室
　　　　　　〒920-1192　石川県金沢市角間町
　　　　　　電話：076－264－5516（研究室直通）
　　　＊編集委員会へのお問い合わせはメールでお願いいたします。

# SNE ジャーナル編集規定、編集委員会規定、投稿規定及び執筆規定

## 編集規定

1．本誌は「日本特別ニーズ教育学会」(略称SNE学会）の研究誌であり、誌名を『SNE ジャーナル』とする。当分の間、原則として1年1巻とする。

2．本誌は、本誌の性格にふさわしい未発表の原著論文、実践研究、資料、報告、会報、その他で構成する。実践研究も、その実践及び研究が明確な仮説に基づいておこなわれ、論文が論理的に構成されているものは、原著論文として扱う。

3．出版形式は印刷によるものとするが、DVD出版（原稿を単純にテキスト・ファイルに変換しただけのもの）も用意し、希望者に有償で頒布する。

4．本誌に投稿できる者は、編集委員会の依頼による者以外は、本学会の会員に限る。ただし、常任編集委員会が認めたものはその限りではない。なお、著者全員が本学会の会員であり、年度会費を納入済みであること。

5．本誌に投稿しようとする会員は、所定の投稿規定に従うものとする。

(2017年2月5日　理事会承認)

## 編集委員会規定

1．機関誌『SNE ジャーナル』編集委員会（以下、「編集委員会」という）は、本学会の機関誌『SNE ジャーナル』の編集ならびに発行に関わる業務を行う。

2．編集委員会は理事をもって構成する。

3．編集委員会には、編集委員の互選による編集委員長および副編集委員長を置く。編集委員長は編集委員会を代表し、機関誌の編集・発行にかかわる一切の業務を統括する。副編集委員長は編集委員長を補佐し、編集委員長事故ある場合には、その職務を代行する。

4．編集委員の任期は3年とし、再任を妨げない。

5．編集委員会は、編集委員長がこれを開催する。

6．編集委員長は、編集委員会の運営に関し、適宜、理事会に報告する。

7．編集委員会は、必要に応じて、編集協力委員を委嘱することができる。編集協力委員は編集委員会から委嘱された論文の審査に加わる。

8．編集委員会は、その業務を補佐するために編集幹事をおくことができる。編集幹事は、編集委員会の議を経て、編集委員長がこれを依嘱する。

９．この規定の改定は、理事会で承認を得るものとする。

（2017年2月5日　理事会承認）

# 投稿規定

１．論文投稿者は本会会員に限られる。

２．投稿原稿は未発表のものに限る。

３．本誌には特別ニーズ教育に関する未公刊の和文で書かれた原著論文、実践研究論文、資料論文、報告などオリジナルな学術論文を掲載する。

 （1）原著論文は、理論、実験、事例等に関する研究論文とする。

 （2）実践研究論文は、教育、福祉などの実践を通して、実際的な問題の究明や解決を目的とする研究論文とする。

 （3）資料論文は、原著論文に準じた内容で、資料性の高い研究論文とする。

 （4）報告は、特別ニーズ教育に関する課題について報告する論文とする。

 （5）上記論文のほか、特集論文を掲載する。

４．原著論文・実践研究は、図表をふくめて、400字詰め原稿用紙換算で50枚以内（英文抄録が必要）とする。資料は、同じく400字詰め原稿用紙換算で30枚以内（英文抄録が必要）とする。報告は、同じく400字詰め原稿用紙換算で30枚以内（英文抄録は不要）とし、その他の投稿区分が必要な場合には編集委員会が判断する。

５．原稿は全てPCによりA4判に40字×30行でタイプし、使用したソフトウェア等については所定の書式による投稿カード及び投稿チェックリスト、著作権に係る承諾書を添付すること。表紙には論文種別（投稿区分）、論文題目、キーワードを記載し、投稿者名は書かないこと。図表等は、そのまま複写ができるように、本文とは別途に実寸で作成したものを添付し、本文原稿中に印刷箇所を指示すること。図表等の印刷費は、原稿執筆者に別途負担を求めることがある。規定に従い作成した原稿は1部を郵送する（簡易書留等）とともに電子メールにてPDFとして送付すること。

６．文献及び注の記載は執筆規定によるものとする。

７．投稿原稿には、題目・氏名の英文表記を付けるものとする。

８．原著論文、実践研究、資料には、執筆者の責任で3〜5項目のキーワード（和文・英文）を付けるものとする。

９．投稿原稿（報告を除く）には、本文とは別に、英文で300ワード程度の抄録を付け、その和文訳を添付するものとする。執筆者の責任で正確な英文にして提出すること。なお、英文以外を認めることがある。

10．日本語を母語としない投稿者が投稿する場合は、英文での投稿を認める。その際には、400字程度の日本語による抄録を付けるものとする。なお、英文以外を認めること

もある。

11. 原著論文および実践研究論文は、その論文内容に関する研究成果を投稿以前もしく
　　は当該年度の本学会大会にて発表することを要する。

12. 投稿者は本学会の「倫理綱領」及び日本学術会議「科学者の行動規範改定版」を遵
　　守し、投稿論文の内容について十分に人権及び研究倫理上の配慮をしなければならな
　　い。また、研究実施の際に配慮した研究倫理に係る事項があれば、論文中に記載する
　　こと。

13. 印刷の体裁、その他は編集委員会が決定する。

14. 投稿原稿は、返還しない。

15. 『SNE ジャーナル』掲載原稿の著作権は、学会に所属するものとする。

（2017年2月5日　理事会承認）

## 執筆規定

1. 表記については新仮名遣い、当用漢字、算用数字の使用を原則とするが、歴史的史
　　資料等についてはこの限りではない。

2. 外国語の表記については次のいずれかに統一する。

　　①外国人名・地名等の固有名詞以外は訳語を用い、必要な場合にのみ初出の際だけ
　　　原語を付する。

　　②すべて訳語を用い、必要な場合にのみ初出の際だけ原語を付する。

3. 註記については最後にまとめ、引用文献も含めて本文中に1) 2) 3) のように連番で
　　明示すること。文献記述の形式は次のとおりとするが、全体が統一されていれば、発
　　行年を著者名の直後に（　）で挿入してもよい。

＊雑誌の場合は、著者名、題目、雑誌名、巻号数、発行年、論文所在頁、単行本の場合
　　は著者名、書名、発行所、発行年、引用該当頁、とし、共著単行本の場合は雑誌に準
　　ずる形式とする。

　　例）

　　Rosenqvist, Jerry: Special Education in Sweden. *European Journal of Special Needs
　　Education*, Vol.8, No.1, 1993, 59-73.

　　荒川智『ドイツ障害児教育史研究―補助学校教育の確立と変容―』亜紀書房、1990、
　　35-48。

　　清水貞夫「障害児義務教育制度の直面する問題」茂木俊彦・清水貞夫編著『障害児
　　教育改革の展望』全障研出版部、1995、97-166。

（2017年2月5日　理事会承認）

# 「日本特別ニーズ教育学会」会則

**第1条（名称）**

本会は、日本特別ニーズ教育学会（略称「SNE」学会）と称する。英語表記を
"Japanese Society for Special Needs Education" とする。

**第2条（事務局の所在）**

事務局は、東京学芸大学におく。

**第3条（目的）**

本会は、特別ニーズ教育に関する理論的・実践的研究を通して、学習と発達への権利
に関する教育科学の確立を期する。

**第4条（事業）**

本会は次の事業を行う。

　　1 研究大会の開催。研究大会の開催にかかる規定は別に定める。

　　2 研究誌の発行。研究誌の発行は編集委員会が担当する。

　　3 研究委員会の組織。研究委員会は理事会が決定する。

　　4 研究成果に基づく図書などの刊行。

　　5 国際的な学術交流、共同研究の推進。

　　6 その他、本会の目的を達成するために必要な事業を行う。

**第5条（会員）**

本会の目的に賛同し、その目的追求に参加する意志を有する者は、会員となることが
できる。入会にかかる規定は別に定める。

　　2　本会の運営・発展に大きな功績を残した会員を「名誉会員」とすることができる。
名誉会員にかかる規定は別に定める。

**第6条（会員の権利）**

　　1 会員は、本会の事業に参加することができる。

　　2 会員は、総会に出席して意見を述べ、議決に参加することができる。

　　3 会員は、研究大会において発表することができる。また、研究誌に投稿すること
　　　ができる。

第7条（総会）

　本会の最高議決機関は総会である。定期総会は年1回開かれる。臨時総会は、理事会がこれを招集する。理事会は、会員の3分の1以上の署名による要求があるときは、総会を招集しなければならない。

　総会における審議事項は別に定める。

第8条（役員）

　本会に次の役員を置く。

　1　理事。

　（1）理事の任期は3年とし、連続する任期は6年までとする。理事の選出は、会員の選挙による。選挙の方法は別に定める。

　（2）理事会における選挙により代表理事を選出する。

　（3）代表理事の指名により副代表理事を置くことができる。副代表理事は、代表理事を補佐または代行する。

　2　事務局長及び幹事。事務局長及び幹事は理事会が委嘱する。

　3　会計監査。会計監査は理事会が委嘱する。

　4　必要に応じて評議員を置くことができる。評議員は理事会が委嘱し、評議員にかかる規定は別に定める。

第9条（理事会）

　1　理事は、理事会を組織し、本会の会務全体を総括する。

　2　理事会の議長は代表理事が務める。

第10条（事務局）

　本会に事務局をおき、事務局長と幹事で構成する。事務局は会の事務処理を行う。

第11条（会計）

　1　本会の経費は、会費、寄付金、補助金、印税その他の収入により賄う。

　2　会費は、年額7000円とする。

　3　会計年度は、毎年4月1日から翌年の3月31日までとする。

第12条（会則改正）

　本会則の改正は、総会において3分の2以上の同意によって行われる。

第13条（細則）
　　1　本会の運営を民主的かつ円滑にするために、別に会則細則を定めることができる。
　　2　会則細則の決定および改正は理事会の承認による。


付則　本会の会則は、1995年11月25日より施行する。
付則　本会の会則は1999年11月7日に改正する。
付則　本会の会則は2007年10月20日に改正する。
付則　本会の会則は2009年10月17日に改正する。
付則　本会の会則は2012年10月21日に改正する。
付則　本会の会則は2013年10月20日に改正する。
付則　本会の会則は2016年10月16日に改正する。

# SNE JOURNAL Vol.27 No.1

## Contents

edited by
Japanese Society for Special Needs Education

# Is it possible to create a logical structure of the unique and self-standing character of special classes for children with intellectual disabilities?: What can be seen from comparative educational research between Germany and Japan

KUBOSHIMA Tsutomu

The meanings of comparative pedagogical research in special needs pedagogy was examined. LRS-Klassen  in Germany and those of Japan for children with disabilities ware compared.  In the call for the promotion of inclusive education, the special class is questionably given a supplemental and complementary role of the normal class. Therefor  it is necessary to critically redefine its unique educational meanings.

# Some perspectives and issues on the comparative research of special needs education in Cambodia

MAMADA Kazuhiko

This paper summarizes the background of the current research on Cambodian Special Needs Education (in Cambodia is special education) and the points obtained due to difficulties in advancing the research. Cambodia's basic policy is inclusive education. In addition, my research revealed the following points. In Cambodia, Basic statistics for special needs education have not been prepared, Religion-based view of persons with disabilities, the Repetitive system from the first grade of elementary school, Autistic children and Intellectual disabilities children who have many preschoolers, Few researchers in Cambodia's Special Needs Education  and good interpreters. Finally, comparative education with developing countries needs to consider not only Cambodia but also Southeast Asia. It was suggested that a perspective that returns new achievements and perspectives to Japan is necessary.

# A Horizon of Special Needs Education
# from the Perspective of American Studies

SENGA Ai

The purpose of this article was to discuss the possibilities of American studies the field of Special Needs Education from the perspective of Comparative Education. The following four viewpoints were set. (1) Formation of problem awareness in American studies, (2) Exploring research perspectives and methods, (3) Research topics from the perspective of American studies, and (4) Possibility of Special Needs Education and research from the perspective of comparative studies. Regarding the third viewpoint, I have taken up the trends of progress of inclusive education in recent years: ①financial problems and equality /accessibility of inclusive education, ②educational support for children with background of twice- exceptional needs including disability, and ③cultural aspects such as the formation of values, atmosphere and attitudes of class teacher and pupils in regular schools and classes. Special educational needs are constantly changing, influenced not only by national system but also by social and cultural aspects. The more inclusive education is promoted, the more it will be necessary to support and understand children with multiple special needs. It is also important to ensure that children with the same disabilities and the same special needs have the opportunity to voluntarily gather and choose educational placements. Through the discussion of framework and topics of special needs education from the viewpoint of American studies, I hope to provide a critical and constructive perspective on issues and needs which cannot be resolved within the framework of Japanese system.

# Contemporary Meaning of Comparative Study related to
# Special Needs Education

## KURODA Manabu

This paper is aims to clarify the research issues through to consider articles of KUBOSHIMA Tsutomu (study of Germany), MAMADA Kazuhiko (study of Kingdom of Cambodia), and SENGA Ai (study of United States of America) on the research project as "New Challenge of Comparative Study on Special Needs Education" by the Japanese Society for Special Needs Education in 2021. Through considering their report at the meeting (April 18, 2021) and their articles published in this SNE Journal, it is to ask the current meaning of comparative study and examining the ideal way of comparative research to deepen the study of Special Needs Education. For comparative study of special needs education, it requires on the academic contributions and the current meaning of comparative study on both the quality of special needs education as proposed by the Salamanca Statement (1994) and an inclusive education system at all levels and lifelong learning defined by the Convention on the Rights of Persons with Disabilities (2006). The direction of comparative study is examined based on the above three articles. Instead of introducing the educational system and situations of the target country simply, they try to compare it with Japan and neighboring countries, and to consider the issue of special needs education in Japan. Finally, this article clarifies the research issues of special needs education in Japan based on their perspectives of comparative studies.

# Legislation of Gifted Education in Pennsylvania, United States and Guarantee of Educational Rights for the Gifted: The Legal Relationship between Gifted Education and Education for Children with Disabilities

SEKIUCHI Iichiro

This study aims to examine the development of gifted education in Pennsylvania from the perspective of the legal system and to elucidate its institutional position as special needs education and its characteristics.

The legalization of gifted education in Pennsylvania began with the 1961 amendment to the Public School Law, which expanded the scope of exceptional children considered eligible for special education. This initiative was partially due to the influence of the Sputnik shock, which led to national policies of efficiency and international competition in education to develop superior human resources that could compete with those of the former Soviet Union. The state provided equal treatment to gifted children as exceptional children who require special care, much similar to that of children with disabilities. In Pennsylvania, gifted education is positioned in parallel with education for children with disabilities as a type of special education.

As a result, approaches generally used in the field of education for children with disabilities have been widely adopted in gifted education. For example, education programs based on Individualized Education Plans have been implemented for gifted children to ensure that instruction is tailored to meet their individual academic needs.

Thus, similar to the case of education for children with disabilities, gifted education in Pennsylvania emphasizes meeting the special educational needs of individual children. However, it does not aim to reproduce the status or values of a particular socioeconomic class and does not confer any socioeconomic status or privilege on the gifted. Based on the abovementioned provisions, the study infers that gifted education is a support system for gifted children who are minorities in school education. Moreover, it is free of an elitist aspect that tends to interfere with the educational rights of ordinary children.

204 SNE ジャーナル, 27(1), 2021

# The Characteristics and Social Roles of Teacher Training for Children with Speech and Language Disorders: Focus on the Course of Teacher Training for Children with Speech and Language Disorders in Hokkaido University of Education

TANAKA Ken

This study aims to clarify the characteristic and social roles a purpose through the case analysis of the course of teacher training for children with speech and language disorders in Hokkaido university of education.

As for the analysis, the purpose of this course was to train the person in resource room for children with speech and language disorders at short time. The elementary school and junior high school teachers sent from all Hokkaido areas and others were enrolled as a 1 year long-term study and training person by Hokkaido prefectural board of education mainly in this course. Also, because this course curriculum made a present post teacher a main object, the education for children with speech and language disorders and related subject after concerned were organized. In addition, this course was confirmed that it functioned as the training organization of not only teachers, but also medical profession and welfare profession engaged in the children with speech and language disorders support.

Finally, it is possible to indicate that following point improves the social roles of the course of teacher training for children with speech and language disorders in Hokkaido university of education. This course functioned as the social equipment that takes training of the person in charge in Hokkaido and that becomes the motive power of the resource room for children with speech and language disorders installation.

# Classroom Participation of Children Enrolled in Special Needs Classroom for Intellectual Disabilities in General Education Classroom: A Case Study of a Classroom Adopting "Learning Each Other" and Self-Paced Learning

KOMURA Maho

The purpose of this study is to examine, from the perspective of inclusive education, whether the learning methods of "learning each other" and self-paced learning, in addition to simultaneous instruction, promote the participation of children with learning difficulties in class. I conducted participant observation in a third-grade class with two students enrolled in a special needs classroom for intellectual disabilities. I mainly recorded the learning of the children with learning difficulties during the class and how they thaught each other. In addition, interviews with the homeroom teachers (a man in his 40s who has been teaching for seven years) were conducted.

As a result, it was observed that the children enrolled in the special needs classroom for intellectual disabilities were able to participate in learning differently from the other children in the general education classroom, such as by participating in learning tasks for those in one level below their grade or tasks based on their interests. They also learned with the help of their friends. However, they faced some issues, such as an insufficient understanding of learning (e.g., they wrote down the answers their friends gave them), and children with poor interpersonal development rarely participated in class. The importance of supporting children's development from a long-term perspective was also noted, as their participation in class may increase with improved as their relationships with teachers and friends.

## 編集後記

　本学会では四半世紀にわたり、多様な発達困難・支援ニーズを有する子どもの発達と教育の権利保障に関する研究を積み重ね、とくに「当事者の声と参加」を大切にして、研究大会・中間集会や学会誌『SNE ジャーナル』を通して議論を続けてきました。しかし、新型コロナウィルス感染症の感染拡大の状況に鑑み、昨年の日本特別ニーズ教育学会第 26 回研究大会の現地開催は中止とせざるを得ず、学会設立以来初めてオンラインによる研究大会（2020 年 10 月、理事会主催）を開催いたしました。

　会員の皆様におかれましては、コロナ禍において様々なお立場でご苦労も絶えないことと存じますが、皆様のご健康をお祈り申し上げます。

　さて、本誌第 27 巻の特集は「特別ニーズ教育と比較教育学の地平」としました。本学会設立 25 周年に企画した「改めて「特別ニーズ教育」とは何か」という課題設定のもとに、特別ニーズ教育に係わる「比較教育学」はいかなる対象・課題に取り組み、どのような学的貢献をめざしているのかについて改めて問い直そうとするものです。前号に引き続き、皆様とともに考えていく機会となれば幸いです。

　本誌第 27 巻には、多くの投稿論文のうち数回の査読・編集委員会審議を経て原著 2 本、実践研究 1 本、報告 4 本、合計 7 本を掲載することができました。前期理事会において設けられた「日本特別ニーズ教育学会奨励賞」授賞や「若手チャレンジ研究会」の開催以降、とくに原著論文・実践研究の投稿数が急増しています。今後も引き続き会員の研究的挑戦を支えていくことができるよう、理事会・編集委員会においても研究支援システムの改善を進めていきます。

　本学会では「編集協力委員」制度を設け、投稿論文の増加と幅広い研究テーマに対応し、より精度の高い査読を行えるように努めています。投稿論文の内容に応じて、編集委員会より会員の方々に査読の依頼をしています。ピア・レビューの意義をご理解いただき、お引き受け下さいますよう、お願い申し上げます。今号におきましても、18 名の方々に編集協力委員をお引き受けいただきました。ここに記して御礼申し上げます。

　ご投稿いただいた皆様、特集・書評・図書紹介・査読等をご担当いただきました皆様に感謝いたします。また、本誌の刊行を 27 年間の長きにわたってご担当いただいております文理閣の山下信編集長に、厚く御礼申し上げます。

（編集幹事　田部絢子）

『SNE ジャーナル』第 27 巻 第 1 号
特別ニーズ教育と比較教育学の地平

2021 年 10 月 30 日発行

編集者　日本特別ニーズ教育学会『SNE ジャーナル』編集委員会
　　　　　　　　　　　　　(編集委員長　澤　隆史)

発行者　日本特別ニーズ教育学会
　　　　　　　　　　　　(代表理事　加瀬　進)

発行所　図書出版　文理閣
　　　　京都市下京区七条河原町西南角 〒 600-8146
　　　　電話 075 (351) 7553 FAX 075 (351) 7560

ISBN 978-4-89259-897-5
ISSN 1343-3288

日本特別ニーズ教育学会事務局
　　〒 156-8550　東京都世田谷区桜上水 3-25-40
　　日本大学文理学部教育学科
　　　　田中　謙 jimukyoku@sne-japan.net